东方
文化符号

太 湖

陆 阳 著

江苏凤凰美术出版社

图书在版编目（CIP）数据

太湖 / 陆阳著. -- 南京 : 江苏凤凰美术出版社, 2025. 1. -- (东方文化符号). -- ISBN 978-7-5741-1677-1

Ⅰ. K928.43

中国国家版本馆CIP数据核字第20246WQ180号

责任编辑	唐 凡
设计指导	曲闵民
责任校对	孙剑博
责任监印	张宇华
责任设计编辑	赵 秘

丛 书 名	东方文化符号
书 名	太湖
著 者	陆阳
出版发行	江苏凤凰美术出版社（南京市湖南路1号 邮编：210009）
制 版	南京新华丰制版有限公司
印 刷	盐城志坤印刷有限公司
开 本	889mm×1194mm 1/32
印 张	5
版 次	2025年1月第1版
印 次	2025年1月第1次印刷
标准书号	ISBN 978-7-5741-1677-1
定 价	88.00元

营销部电话 025-68155675 营销部地址 南京市湖南路1号
江苏凤凰美术出版社图书凡印装错误可向承印厂调换

目录

前言 …………………………………… 1

第一章 太湖·源流 …………………… 3
太湖的成因是个谜 …………………… 3
太湖水串起的遗址遗迹 ……………… 6
太湖，何以江苏独占？ ……………… 12

第二章 太湖·风物 …………………… 16
苏作：器物精神之上的艺术生活 …… 16
匠心技艺：泥人、紫砂壶和梳篦 …… 21
从昆曲到锡剧，一阕柔情江南词 …… 25
吴侬软语：评弹和吴歌 ……………… 29

第三章 太湖·水韵 …………………… 32
江南园林：太湖山水的另一视角 …… 32
古镇老街：以水而生，因水而兴 …… 59
悠悠运河：摇曳着道道文化的幽光 … 74

第四章　太湖·经济 …… 92

鱼米之乡：山水田园的经典意象 …… 92

洞庭商帮："钻天"大名 …… 95

丝绸，塑造了苏州 …… 98

无锡米市：承载着辉煌的记忆 …… 101

激荡锡商："实业报国"的典范 …… 103

苏南模式：中国农民的创造 …… 106

第五章　太湖·人杰 …… 111

泰伯：吴风悠悠 …… 111

范蠡：事了拂衣去，深藏身与名 …… 114

春申君：在惠山遇见你 …… 116

范仲淹：灵魂和气魄一直留在了苏州 …… 119

倪云林：只傍清水不染尘 …… 122

唐伯虎：桃花庵里桃花仙 …… 127

顾宪成："忠国家而于身无所利" …… 130

徐霞客：他的一生，一直在路上 …… 134

顾炎武：流浪于湖山之间的伟大灵魂 …… 137

赵元任：故乡，教我如何不想他 …… 140

阿炳：穿越皓月的胡琴声 …… 144

贝聿铭：留住老苏州的"根" …… 149

前　言

　　太湖是我国第三大淡水湖，横跨江苏、浙江两省，位于长江三角洲的南缘，水域面积2300多平方公里。

　　太湖之美，美在山水。站在山顶鸟瞰，山水相依、山水环抱，山外有山、湖外有湖；大小岛屿，似散落在白银盘里的颗颗青螺。站在岛上环顾，丘陵起伏，重峦叠嶂，云遮雾绕，若隐若现。近看湖边，水波一涌一退，拍击湖岸，犹如轻拨琴弦，声声悦耳；远望湖面，烟波浩渺、波光粼粼、船帆点点、水天一色。湖光山色、相映生辉，一步一景，远近高低各不同；昼夜交替、四季轮回，一时一景，彼时此时皆各异。

　　太湖之美，美在风情。无论你已经去过，还是未曾踏足，都能领略到太湖之美。唐诗里有它，宋词里有它，元曲里也有它……无一不是含情脉脉、深情款款！它的美，藏在一处又一处遗址里，藏在一处又一处园林中，藏在一座又一座古桥上，藏在一支又一支昆曲中……琴声、歌声、摇橹声,传递了千年的历史沧桑、人生的一世沉浮,令人浮想联翩。尽管它静默无言,但它的美却能穿透尘封的历史,惊艳一个又一个前来寻梦的人。

太湖之美,美在经济。"乡村四月闲人少,才了蚕桑又插田",鱼米之乡、丝绸之府,造就了山水田园的经典意象;"钻天洞庭遍地徽",太湖滋养了独领风骚的洞庭商帮;无锡米市,承载着曾经辉煌的记忆;激荡锡商,是近代工商群体"实业报国"的典范;苏南模式,又造就了当代乡镇企业的"异军突起"。一切的一切,造就了千年以来太湖流域的富饶与平和。

太湖之美,美在人文。遥想当年,泰伯奔吴,带来了中原先进的农耕文化,为太湖流域植下了最初的人文基因。此后,这里的英杰人才,犹如夜空中的星辰熠熠生辉。范仲淹兴水利、办义学,灵魂和气魄一直留在了苏州;倪云林不求名利,只傍清水不染尘;顾宪成"忠国家而于身无所利",浩然正气荡涤晚明政坛的污秽之风;徐霞客的一生一直在路上,留下了不朽的名著《徐霞客游记》;顾炎武"天下兴亡,匹夫有责"铮铮名句,激励一代又一代知识分子为心中的理想而奋斗;阿炳,一曲胡琴声穿越皓月,悠扬到了今天……

琵琶一曲《太湖美》,说不尽太湖之美,道不尽太湖之情。太湖,值得你慢慢闲逛、慢慢品味,希望本书能让你认识太湖、爱上太湖!

第一章　太湖·源流

太湖的成因是个谜

太湖位于长江三角洲的南缘，古称震泽、具区，又名五湖、笠泽，是中国五大淡水湖之一，湖泊面积位居第三，横跨江苏、浙江两省。太湖湖泊面积2427.8平方公里，水域面积2338.1平方公里，湖岸线全长393.2公里，平均水深1.89米，最大水深近4米。

这也许是太湖现在的样子，但很多很多年前，关于太湖的形成有太多的说法……

对于太湖是怎么形成的，目前的说法很多，主要有潟湖说、地质构造说、河流淤塞说、陨石撞击说等。

潟湖说。太湖和同在长江三角洲地区的阳澄湖、淀山湖等，之前都是与海相通的大海湾，后来因为部分地方向东延伸与反曲，使得部分海面变成了内海；又由于降雨的不断注入，冲淡了内海的水，于是变成了淡水湖。

河流淤塞说。在距今2万年至1.5万年前，广袤的长江三角洲冲积平原，被大片的温带草原所覆盖。因为长江和钱塘江口泥沙的淤积，使得太湖平原成为大型的集水洼地。加之河流的下游被淹，入海河道宣泄不畅，集水洼地

俯瞰太湖

浩渺太湖（翁忻摄）

内的泥沙淤积也变得越来越严重,形成分散的小型湖泊群。

地质构造说。因为太湖地区地壳的构造运动,造成太湖平原下沉,成为汇水盆地,从而形成太湖。

陨石撞击说。在距今5000万年前,一颗巨大的陨石从北东方向撞击地面,造成相当于1000万颗广岛原子弹爆炸力量的巨大冲击,留下了2300多平方公里的陨石坑,后来这里逐渐积聚了大量的水,形成了现在的太湖。

所以,太湖究竟是怎么形成的,目前为止还没有确切的说法。

太湖水串起的遗址遗迹

太湖地区是中国文明最早的发源地之一。据研究，太湖流域的地质运动在距今1万多年前趋于稳定。对苏州三山岛旧石器时代遗址的考古表明，这一时期太湖地区不但物产丰富，而且制造工具的水平也已达到一定的高度。三山岛旧石器时代遗址是目前所知的太湖地区的文明之源。此外，宜兴市灵谷洞发现的古人类下颌骨化石，和无锡北郊南街村后巷出土的一件人工打制的刮削器，也都表明了早在1万年前，太湖流域就有居民在这片土地上繁衍生息。

在距今7000年至4000年前的新石器时期，"文明之光"开始在太湖地区闪耀。马家浜文化、崧泽文化、良渚文化在太湖地区都有遗址遗迹发现。

马家浜文化（距今7000年至6000年），主要有无锡鸿山彭祖墩遗址、江阴祁头山遗址、宜兴西溪遗址、常州秦堂山遗址等。无锡鸿山彭祖墩遗址出土了玉玦、石斧，以及多类型平底釜等陶器，有平面近方形的房屋遗址，并有矮墙分隔的痕迹，中部有似为灶址的红烧土，揭示了当时居民的冶玉、制陶、建房水平。江阴祁头山遗址，是罕见的保存面积较大的遗址之一，在总面积达10万多平方米的遗址范围内发现了墓葬135座，出土大量玉器、陶器和斧、锛等石器。宜兴西溪遗址上，巨大的灰坑和密集的柱洞共存，考古学者判定为干栏式建筑，这在太湖流域是第一次发现。常州秦堂山遗址中心区域环壕的发现，为研究马家浜文化时期的聚落考古提供了新材料。

　　崧泽文化（距今6000年至5300年），主要有无锡仙蠡墩遗址、常州圩墩遗址、青城墩遗址等，最新的是2014年发现于无锡的赤墩遗址。无锡仙蠡墩遗址中发现了石器和残余稻壳堆、用于纺织的陶纺轮、用于捕鱼的陶网坠，以及夹砂红陶鼎等，揭示了无锡先民农业、渔业、手工业的发展情况。常州圩墩遗址证实距今5500年前已经以圩墩聚落为中心形成了先民聚居群。常州青城墩遗址所发现的大型房址和墓葬，以及两重环壕和重要遗物，是迄今发现的环太湖地区距今5000余年前的最高等级遗址，出土的"龙首纹玉饰"形象完整、造型精美，有着"江南第一龙"之称。

常州青城墩遗址出土的"江南第一龙"——龙首纹玉饰

良渚文化（距今5300年至4000年），有常州寺墩遗址、苏州赵陵山遗址和江阴高城墩遗址等。常州寺墩遗址3号墓中出土精美微雕玉琮32件、玉璧24件，以及数十件珠、管、锥形坠组合成的项链等重要文物；如此奢华的"玉殓葬"在全国非常罕见，这里被认为是当时集最高军权、神权于一身的某位君王的"王陵"。苏州昆山赵陵山遗址的墓葬区按墓主的贫富贵贱分区，在良渚文化遗址中首次发现了规模较大的集体殉葬现象。从以往的考古发现来看，太湖流域良渚文化的分布以太湖流域的南部、东部和东北部遗址最为密集和重要。1999年，江阴高城墩遗址的发掘改变了太湖西北部近长江地带遗址较少的情况，是良渚文化时期一处规模宏大、有严谨布局规划和严格建筑方法的高台墓地。

以上新石器时代遗址的发掘材料表明：太湖流域的远古人创造了在当时比较先进的文化，是中国古代文明的发祥地之一。然而令人遗憾的是：环境变迁和海侵影响让良渚文明突然销声匿迹，导致太湖地区没能和中原地区一起跨入文明时代。直到夏朝至商朝晚期（距今3500年至3000年），无锡地区才发现新的居民遗迹，这便是马桥文化时期。令人称奇的是：即便相隔数百年，马桥文化时期的居民依然保留着相似的居住选择。位于无锡南门外的许巷遗址，距仙蠡墩遗址不过300米，那里出土了扁平穿孔石钺、半月形双孔石刀、夹砂红陶、泥质灰陶器等。

　　太湖流域的远古文化遗址中,许多呈现出年代跨度很大的特点。苏州草鞋山遗址文化堆积最厚处达 11 米,文化地层累积厚、内涵多,从马家浜文化、崧泽文化、早期良渚文化、典型良渚文化到春秋时代的吴越文化,几乎跨越太湖流域乃至长江下游一带的新石器时期到先秦时期的全部编年。苏州昆山少卿山遗址和绰墩遗址,所见马家浜、崧泽、良渚三期文化的地层迭压关系及出土遗物,为太湖流域新石器文化序列提供了又一较典型的例证。苏州张家港东山村遗址,除了出土玉器、陶器、石制品外,还发现了木结构建筑遗迹、炭化稻谷、炭化编织品等物品,最为重要的发现是 6000 年前灌溉系统的古稻田,这证明了太湖流域是中国稻作文明的发源地之一;出土的绳纹尖底器,在长江下游地区未见源头,具

草鞋山遗址

有北方风格，为黄河中游与长江下游的文明传播提供了实物证据。常州溧阳神墩遗址，也是一处年代跨度很大的远古文化遗址，发现有马家浜文化时期、良渚文化时期和相当于中原商朝时期的文化遗存。其中，良渚文化的墓葬是太湖西部地区首次发现的大规模良渚墓葬；早商时期遗存的灰沟和灰坑，属太湖西部地区的首次发现，填补了太湖地区早商时期古文化的空白。

到了公元前 11 世纪的商朝末年，泰伯自周原南奔吴地，建立了属于自己的新部落句吴（也作"勾吴"），由此也开启了无锡见诸文字的历史。无锡梅里遗址获取了大量的印纹硬陶、软陶、夹砂陶和原始瓷等遗物，在一定程度上印证了泰伯奔吴的历史事实。春秋末期"中原五霸"

无锡鸿山遗址博物馆（杨晓伟摄）

之一的吴王阖闾，在今天常州市雪堰镇与无锡市胡埭镇之间修筑城堡，以扼守太湖北部，是为阖闾城遗址。公元前473年，吴国被越国所灭，"吴越为邻，同俗并土""吴越二邦，同气共俗"。无锡鸿山遗址是一处庞大的越国贵族古墓群，出土的玉飞凤以其秀逸之形、灵动之姿成为无锡城市的文化标徽。常州武进淹城普遍认为是西周至春秋时期的古城遗址，从里到外由三城三河相套，即子城、子城河，内城、内城河，外城、外城河层隔的形式组成，总面积65万平方米，考古学家从这里发掘出了中国目前发现的保存最完整、最古老的独木舟。

淹城遗址

玉飞凤　　　　　　　　　　无锡城市的文化标徽

太湖，何以江苏独占？

太湖，沿湖被江苏的无锡、常州、苏州和浙江的湖州所围。唐朝时期环太湖地区有三州：常州（包括无锡）、苏州、湖州，因此有"一湖跨三州"之说。

元朝，以长江为界，苏南浙北属于同一个行政区——江浙行省。到了明朝，朱元璋定都南京，以南京为中心设了一个面积非常大的直隶辖区，湖州府未能被囊括在内。清朝时期太湖的划分基本沿袭前例，直至到民国时期都没什么大的变化。尽管归属不同，但湖州府还是拥有一定规模的太湖水域，直至20世纪五六十年代。当时，因剿匪需要，政府将太湖全部划给江苏吴县（今属苏州）进行统一管理，湖州从此失去了太湖，只拥有很窄的一缕水面（湖南岸垂直延伸70米）。

20世纪80年代，江苏省对苏南地区进行区划调整，

太 湖

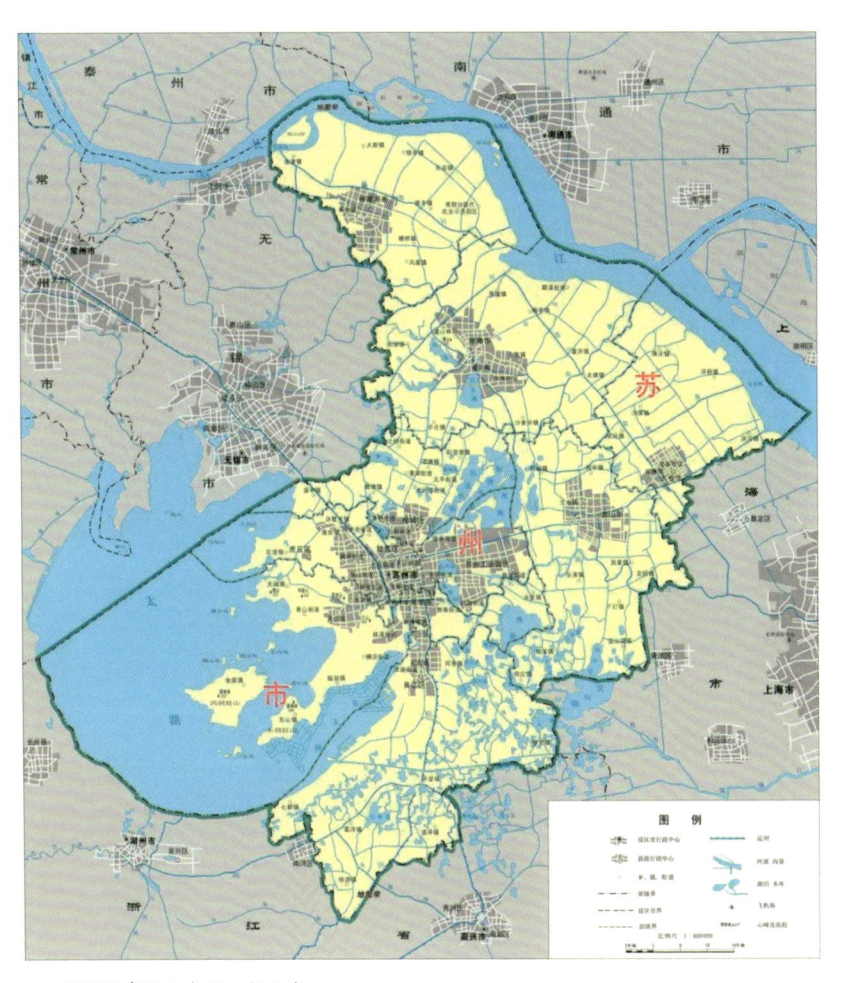

苏州拥有绝大多数太湖水域

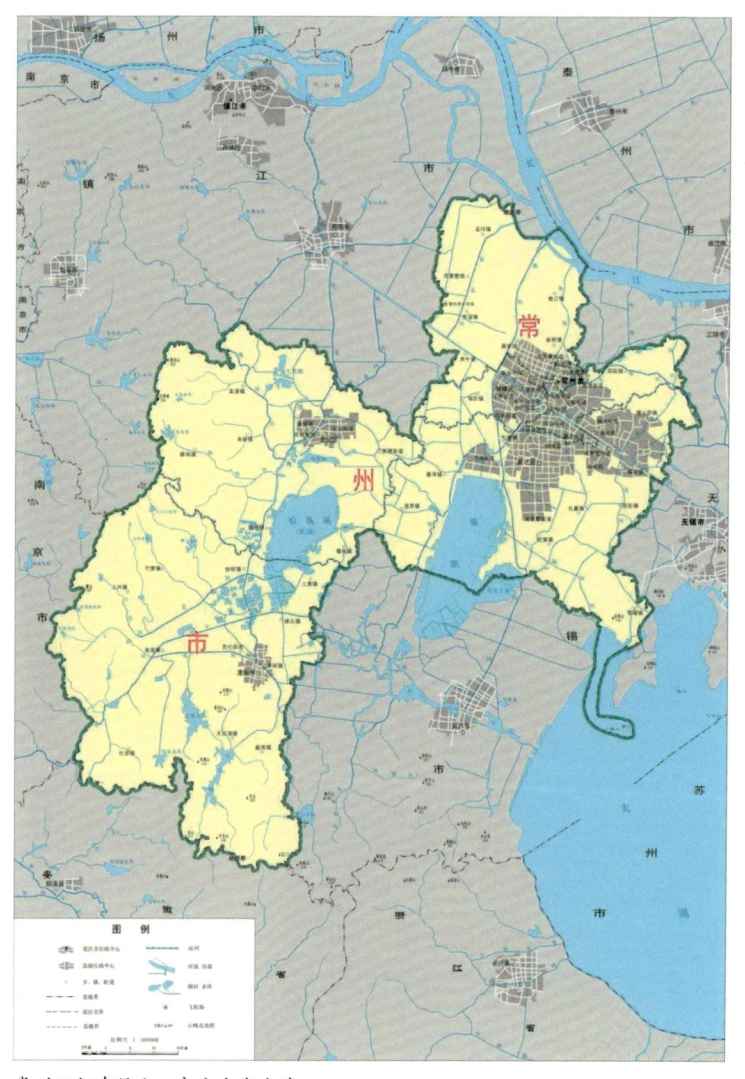

常州只拥有很小一部分太湖水域

湖州几乎不拥有太湖水域

太湖沿岸的宜兴归属无锡市管辖，从此无锡拥有的太湖面积仅次于苏州。而常州只有武进最南角不到5公里的濒临太湖水域，只比湖州稍多一点。

总之，按拥有水域面积来看，目前苏州拥有的面积最多，占70%左右，无锡次之，常州很少，湖州聊胜于无……

这里提一下如今隶属于浙江省的湖州。湖州是个有着2300多年历史的城市，其名始于隋朝，因濒临太湖而得名。不过，作为太湖沿岸城市，如今湖州已经名不符实了。

第二章　太湖·风物

苏作：器物精神之上的艺术生活

清朝纳兰常安在《受宜堂宦游笔记》中无心插柳，点到了"苏作"这一名词。他写道："苏州专诸巷，琢玉、雕金、镂木、刻竹、髹漆、装潢、针绣，咸类聚而列肆焉……凡金银、琉璃、绮、铭、绣之属，无不极其精巧。概之曰'苏作'。"明清时期，苏作已经名扬天下，被视作民间的"时尚风向标"，"苏人以为雅者，则四方随而雅之，俗者则随而俗之"。在故宫博物院浩瀚的馆藏文物中，明清时期的苏州手工艺术品多达 31 万件。

苏作技艺之精湛，首推玉雕。明朝宋应星在《天工开物》中论及治玉，就说"良玉虽集京师，工巧则推苏郡"。苏作玉雕在技艺上讲究"精、细、雅、巧"，圆雕、镂雕、浮雕等技法灵活应用；同时，秉承着江南文人画的写实理念，立意高雅，注重文化审美。花鸟鱼虫、山水人物、水巷小景、古典园林，都化作玉雕的设计元素，这是其他玉

苏作玉雕名家杨曦作品《莲相》

雕派别所没有的。与玉雕有着类似工艺水平的还有核雕。一颗普通的橄榄核，在艺人刻刀的灵活游走之下，很快就会变成一件精美的艺术品。

明清时期的苏作家具，在收藏界备受青睐。该时期的苏作家具用料讲究，在用料上以黄花梨、紫檀、铁力木等名贵木材为主，造型多样，经典之作有博古架、太师椅，还有秀美的香几、花架，古朴大气的罗汉床，小巧的盆景架，等等，造型简约清秀，往往点到为止，有大写意风格，在朴素中透出一份由内而外的大气。明清时期的苏作家具纯粹手工打造，工艺细腻灵巧。其在技法上最常用的有浅浮雕和透雕两种，都讲究圆润流畅、棱角分明；最为精要的还属连接各部的榫卯，无论家具怎么摔撞，榫卯都始终如一地保持其耐用牢固的特性。

"山水分远近之趣，楼阁得深邃

明式家具

之体，人物具瞻眺生动之情，花鸟极绰约诙喽之态……"明朝董其昌的文字道尽了苏绣的艺术风格。苏绣，起源于2500多年前的春秋时期，经过历朝历代的演变与改进，至清朝形成了"精、细、雅、洁"的艺术风格。当时，苏绣大为普及，苏州四乡有绣工10万余人，"闺阁家家架绣棚，妇姑人人习针巧""芊芊女子最多情，绣出红妆君郎赠"。清末民初，以沈寿为代表的苏绣艺人融合了西洋美术原理，将油画、素描和摄影等艺术作品作为绣稿，首创"仿真绣"。在苏绣博物馆，有一幅惊世绣品——《姑苏繁华图》。该作品长400厘米、宽33厘米，用500种

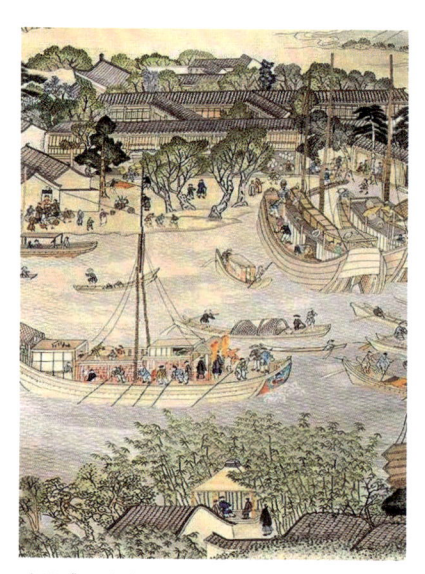

苏绣《姑苏繁华图》（局部一）　　苏绣《姑苏繁华图》（局部二）

色线绣成，运用了套针、缠针、散套针、虚实针等10多种针法，精心绣制出从灵岩山到虎丘绵延数十里的繁华景象和人文景观。《姑苏繁华图》的绣面上计有不同桥梁50余座，舟船排筏近400只，商肆230多家，各式人物12000多个，堪称刺绣界的《清明上河图》。

宋锦，与南京云锦、四川蜀锦并称为中国古代"三大名锦"。其基本特点是采用了经线和纬线联合显花的组织结构，质地轻薄精细，风格古朴典雅。传统宋锦的生产制作过程十分复杂，先得将蚕茧缫制成蚕丝，再将蚕丝按经线和纬线的不同工艺要求进行加工，并染成不同颜色，然后根据织物的经纬密度和花纹图案的起花要求进行织造，包括挑花、结本、引线、上机织造等20多道工序。

除以上几种外，苏作的代表门类还有苏扇、苏灯等。

天工开画卷，苏作耀匠心。玉石被能工巧匠精雕细琢后，从璞玉华丽转身为珍罕的艺术品；明清时期的苏作家具流畅清秀的线条，散发出江南文化的质朴气息；苏绣在江南女子手里尽得姿彩，一针一线有如蘸墨入画，绣出春风十里；宋锦色泽华丽，图案精致，体现了人们朴素生活里纯美的期望。

东方文化符号

宋锦

匠心技艺：泥人、紫砂壶和梳篦

苏工苏作，让苏州惊艳了数千年。在无锡、在常州，同样有着匠心独运、别具特色的手工技艺，如惠山泥人、宜兴紫砂壶、常州梳篦……

穿的是豪华绚烂的京剧行头，秀的是仪态万方的昆曲身段，贵妃醉酒、游园惊梦、霸王别姬、醉打山门……你能想到的戏剧中最美的时刻，都在上面定格。你以为这是梨园子弟在开选秀大会，便竖起耳朵，试图从唱腔中分辨出梅兰芳和俞振飞，但是你却发现，敲打鼓膜的不是西皮、二黄的声响，也不是缠绵悠远的水磨腔，而是此起彼伏的叫卖声和熙熙攘攘的人流声。这里是无锡惠山古镇，你看到的是惠山泥人，感受到的是因泥人艺术而产生的臆想。

惠山泥人有确切文字记载始于明朝，距今有500年之久，而目前最久远的泥人实物也有200多年的历史了。惠山泥人所用的泥坯材料来自惠山周边特有的黑色黏土。惠山泥人不像其他泥塑，需靠烧制来增加强度和硬度，支撑起惠山泥人筋骨的是泥土本身的磁性与韧劲，而打泥，就是激发泥土磁性与韧劲的过程。匠人抡起大木槌在青石板上敲打，一如铁匠打铁，经过千锤百炼后，松散的泥土就变成了搓而不断、干而不裂的泥坯。接下来就是匠人展现手艺的时候了。经过历代匠人的改进与完善，形成了捏、搓、揉、挑、包、压、贴、镶、划、印、拍、剪、板、插、推、揩、糊等一系列的手法。泥人坯体成型后，就进入上色工序。"三分塑七分彩"，一尊黑色的泥人，经过一笔一画地细致描摹和勾勒，就画龙生云、画虎生风，平凡的泥土拥有了永恒的生命力。当彩绘完成后，为了提高泥人的外观光泽度以及对彩绘表面进行保护，匠人往往还要使用光蜡或者清漆进行最后的处理。至此，一件精美的惠山泥人就呈现在人们的面前。

惠山泥人不需烧制，自然风干即成，而宜兴紫砂壶则是在强烈窑火焠炼下所产生的作品，是"土与火"的艺术。与惠山泥人一样，宜兴紫砂壶的泥料也是产自当地独特的

艺人在制作泥人

矿泥。这种矿泥有红、黄、紫、黑、白五种颜色，所以又被称为"五色土"。含"五色土"的矿料被开采后堆放在露天，经过不断的风吹日晒使其风化而变成松散的小颗粒，然后去除杂质、粉碎、过筛成不同规格的颗粒，加水搅拌后用捶打或足踏等方法使之紧密、没有空隙，接着将炼好的紫砂泥放入密封的瓮中，放置半年以上的时间，才能用以制作紫砂壶。

一件紫砂壶的出产，是从矿砂到艺术品的转化。紫砂壶的传统全手工制坯，更是一场精妙绝伦的技艺展现。制作之时，取出紫砂泥，打成泥片和泥条，再根据壶的设计尺寸，用工具"木搭子"分别打成厚薄均匀的壶身泥片、口片、底片、盖片、围片等。之后，艺人将围片固定在木转轮的中央，一手以手指贴住围片，一手用"木搭子"轻轻拍打身筒，逐步收口，使制器身筒匀称、胎壁坚实。然后，加上壶嘴、把、壶盖和纽，再用脂泥进行修坯，使之自然过渡。最后，用明针和各种工具把坯体整理规整，一个圆壶泥坯的成型至此完成。接着，留有艺人双手温度的紫砂壶被送入窑炉，经过1200℃高温的焠炼，一把把精妙的艺术品才真正显露出它们绝世的容颜。

紫砂壶始于北宋，盛于明清，传承至今。在恒久漫长的时光隧道中，紫砂壶就像一位风姿绰约的佳人，气韵灵动的姿态，迷倒了万千的名人骚客。他们或撰壶铭，或书款识，刻之花卉，印盖钤章，此时的紫砂壶并不只是一款

围身筒是紫砂壶制作过程中最主要的环节

喝茶的器具，更是他们精神的寄托。

极负盛名的常州特产梳篦，也是能工巧匠代代延传至今的宝贵工艺品。梳篦一词，是梳与篦的总称。齿疏为梳，齿密为篦，梳用以顺发，篦用以除垢，自古以来人们依赖着梳篦整饰妆容。

常州梳篦的制作技艺形成于东晋时期，主要材料为毛竹、木材、兽骨等。北宋时期，梳篦的质地日趋贵重，金银栉具相当流行，苏轼曾有"山人醉后铁冠落，溪女笑时银栉低"的诗吟。元朝时期，常州梳篦从运河经长江出海，随着"海上丝绸之路"传到海外。明清时期，常州梳篦的制作工艺已达到相当高的水平，制作规模也超过历代。明朝关于常州"西郊八景"之首"篦梁灯火"的记载，把古

常州梳篦

运河畔家家户户在桨声灯影间制作梳篦的情景描绘得栩栩如生。清乾隆年间的《常州赋》更有"削竹成篦，朝京门内比户皆为"的记载，当时运河两岸梳篦作坊云集，形成了"篦箕巷""木梳街"的地名。今天，"篦梁灯火"的盛景不再，梳篦也已渐渐淡出人们的日常生活，然而传承了1600多年历史的梳篦制造手艺，仍在都市的角角落落打磨着古朴的精致，散发着悠悠情韵。

从昆曲到锡剧，一阕柔情江南词

春日江南，苏州山塘街古戏台上，飘逸着一个纤细的身影。昏黄的灯光将她的剪影投映在舞台后的雕花板上，好似一只灵蝶，缓缓颤动着轻盈的双翅，翩然跃动；吟唱而出的软糯细腻的声音,就好像给耳朵吃了一顿用水磨粉做的糯米汤团。

700多年前的14世纪中叶,当文艺复兴的曙光照亮欧洲中世纪黑暗夜空的时候,在遥远的东方,有一种声音伴着胡笳长笛荡涤开来。元朝末年,昆曲诞生于昆山脚下。根据明朝魏良辅《南词引正》记载:"元朝有顾坚者,虽离昆山三十里,居千墩(今千灯镇),精于南辞,善作古赋。扩廓帖木儿闻其善歌,屡招不屈。善发南曲之奥,故国初有'昆山腔'之称。"自明朝中叶起,昆曲逐渐成熟并日趋鼎盛,直至基本定型。它糅合了唱念做打、舞蹈及武术等的基本技艺,以曲词典雅、行腔婉转、表演细腻著称。到了明朝万历末年,昆曲流入北京,其表演技巧和方式,如唱念、身段、妆容、程式化的表演以及大量的武戏剧目,被京剧所借鉴。此后,昆曲影响日隆,许多地方剧种如晋剧、蒲剧、湘剧等,都受到过昆曲艺术多方面的哺育和滋养。昆曲因此被称为"百戏之祖""百戏之师"。

昆曲的唱腔"调用水磨,拍挨冷板",华丽婉转,念白儒雅,因此又有"水磨调""水磨腔"之称。昆曲的表演,也有它独特的体系、风格,它最大的特点是抒情性强、动作细腻,歌唱与舞蹈的身段结合得巧妙而和谐。《牡丹亭》《长生殿》《桃花扇》等,都是昆曲的不朽之作。昆曲往往自园林深处传出,风雅了人世间的凡尘世俗。现代

昆曲《牡丹亭》（钱洁摄）

园林专家陈从周说:"中国过去的园林,与当时人们的生活感情分不开,昆曲便是充实了园林内容的组成部分。在形的美之外,还有声的美,载歌载舞,因此在整个情趣上必须是一致的。"牡丹亭里,水袖飘舞,杜丽娘与柳梦梅的爱情,让人一唱三叹;在华清池畔,寻一段大唐盛世的歌舞升平,见证长生殿中的爱恨情仇;秦淮河边,听一段南朝旧事,化作李香君的扇上桃花……

与曲高粹美的昆曲雅音相比,锡剧则是民间的文艺形式。在清朝前中期,无锡、常州乡民用当地的民歌小曲说唱故事以自娱,很快盛演于民间,形成男女对唱的形式,并逐步与道情、唱春、宣卷等相融合而形成曲艺形式的"滩簧调"。1917年,无锡滩簧艺人袁仁仪组建"无锡滩簧龙凤班",进入上海大世界表演,引起轰动。他也成为第一个进入上海的滩簧艺人。由于语音唱腔略异,滩簧又分为无锡滩簧和常州滩簧两种。不久,两地滩簧逐渐合班演出,改称"常锡文戏"。中华人民共和国成立初期,其再次改名为"常锡剧",直到20世纪50年代才正式定名为"锡剧"。《珍珠塔》《摘石榴》《游庵认母》是锡剧的经典剧目。锡剧与越剧、黄梅戏并称为"华东三大剧种"。

细腻动人的唱词,抑扬婉转的唱腔,富庶鱼米之乡的千年文化细细熏陶出的闲情逸致,都在昆曲与锡剧这一阕柔情江南词中淋漓尽现。

锡剧《珍珠塔》（钱洁摄）

吴侬软语：评弹和吴歌

秋日午后，古镇周庄，游客们在水墨画般的风景里徜徉。忽然，几声琵琶和三弦伴着软软的女声"叫一声小红娘"传来，游客们不由一阵心悸，立刻想到苏州评弹！

隔河相望，只见一张温柔姣好的面孔、一把半旧的琵琶，红色的衣裳外裹着一件闪光的披肩；另有一位抱着三弦的男艺人被窗台挡住了面相，只露出夹着三弦的半条手臂。

苏州评弹是苏州评话和弹词的总称。评话通常是一人登台开讲，道具有一把扇子、一块惊堂木，所讲内容多为金戈铁马的历史演义和叱咤风云的侠义豪杰。弹词一般为两人说唱，一人持三弦，一人抱琵琶，自弹自唱，内容多为儿女情长的传奇小说和民间故事。评话和弹词均用苏州话叙述故事，抑扬顿挫，轻清柔缓，每一登场，满座倾倒，难怪他们被国学大师俞大纲誉为"中国最美的声音"。听不听得懂唱词都不打紧，在委婉细腻的曲调中，在吴侬软语的唱腔里，听者总能感受到一个个鲜活的人物，体会到故事里的喜怒哀乐。

古镇上的评弹演出（任兮摄）

以吴地口语为表现语言的除了评弹，还有吴歌。吴歌之古老，正如苏州籍史学大家顾颉刚所言："不会比《诗经》更迟。"元代赵孟頫夜泊无锡伯渎河边时，一夜听曲，为之心醉神迷："桥畔柳摇灯影乱，河心波漾月光悬。晓来莫遣催归棹，爱听渔歌处处传。"

吴歌起初主要以吴地方言吟唱，后来配以简单的乐器伴奏，形式有抒情短歌和长篇叙事歌。民国时期无锡籍学者广泛搜集本地谣曲，保存了许多珍贵的文本资料，如1932年编辑的《江苏歌谣集》（五集）收录歌谣600多首，1933年编辑的《江南民间情歌集》收录情歌46首，杨荫浏的《歌谣》则搜集了无锡地区的山歌小调31首。长篇叙事吴歌的搜集整理，主要在中华人民共和国成立后。1976年，朱海蓉整理的《沈七哥长山歌》刊行，这就是著名的长篇叙事吴歌《七哥》。1986年，德国波恩大学瑶贝克教授将其译成德文。随后，朱海蓉又陆续发掘整理了多首长篇叙事吴歌，其中鸿篇巨制《华抱山》，15000多行，叙述康熙年间太湖地区的民暴斗争，是了解地方历史和民俗的珍贵文本。

吴地方言历来有"吴侬软语"之称，其最大的特点就是"软"，语调平和而不失抑扬，语速适中而不失顿挫，让人听来有低吟浅唱的感觉。"醉里吴音相媚好"，要想领略吴侬软语的妙处，一定要听听评弹和吴歌。

第三章 太湖·水韵

江南园林：太湖山水的另一视角

在苏州，若是第一次来，没有比拙政园更好的开始了。拙政园、留园、北京颐和园、承德避暑山庄并称为"中国四大名园"。

拙政园建于16世纪初的明朝正德初年。御史王献臣感叹仕途凶险，弃官返乡，欲建筑一座私家园林以度晚年。他以晋人潘岳《闲居赋》"筑室种树，逍遥自得……此亦拙者之为政也"之句，为园子取名拙政园。"拙"，实指不善在官场中周旋之意，表达了园主"退一步"的人生境界，也是他闲适心理状态的生动体现。

拙政园是中国目前最大的私家园林，占地5.2万平方米，分东、西、中三部分。东部布局以平冈远山、松林草坪、竹坞曲水为主，配以山池亭榭，站在高处放眼望去，一片开阔疏朗；西部水面迂回，布局紧凑，依山傍水建设楼台亭榭；中部为拙政园精华所在，利用原来自然的溪池，

拙政园（陈佳摄）

形成一片长长的又四处连通的水面，四周配以高低错落的亭榭。"奠一园之体势者，莫如堂"，拙政园（中部）主厅远香堂造型稳重而又舒展、通透，堂额取《爱莲说》中"香远益清"句意。一到盛夏，这里荷叶田田，每当清风袅袅，荷花的清香扑鼻而来。

拙政园的妙处，在于成功应用"借景"艺术的表现手法。立于中部水池之畔，园外的北寺塔与眼前美丽的池花、绿树形成了鲜明的景色对比，而巍峨高峻的塔身恰好又倒映在水池之中，有朦胧的"远"，有塔顶的"高"，还有倒影的"深"。"借"景一塔，满园皆活。

不得不赞叹拙政园建造者的匠心独运，能在有限的空间里，造出如此富有诗情画意的园林来，让人频繁生出虽处城市，却犹如置身山林之感。

在王献臣修筑拙政园的700多年前，北宋庆历年间，正值盛年的苏舜钦无罪而贬。"无官一身轻"的他，来到姑苏城南学宫访学，豪掷4万铜钱购置了一处地皮，采石购木，构建起了一座山亭。"沧浪之水清兮，可以濯吾缨；沧浪之水浊兮，可以濯吾足"，苏舜钦此时的心境大抵与当年的屈原夫子仿佛，他为亭子取名"沧浪亭"，自号"沧浪翁"。

沧浪亭就在苏州城南三元坊，与狮子林、拙政园、留园并称为"苏州四大园林"。历数苏州现存的古典园林，沧浪亭历史最为悠久，最为风雅者也莫过于沧浪亭。

最是风雅沧浪亭！风雅在哪儿？就在那波光粼粼的清水间。步入沧浪亭，最先扑面而来的不是花鸟鱼虫、亭台楼阁，而是一片开阔且悠长的水面。微风拂过，细碎的波纹映着岸边水榭粉墙、古树斜枝的倒影，沧浪之水便有了一种微漾的动态美。

最是风雅沧浪亭！风雅在哪儿？就在那蜿蜒如带的复廊间。复廊又称"里外廊"，也就是在双面空廊的中间隔一道墙，把廊内与廊外的风景融为一体。与复廊交相辉映的是漏窗。全园漏窗共108式，不仅数量多，就连图案花纹都是变化多端、无一不雅的。当阳光透过漏窗射进来时，影影绰绰的意境甚是雅致可人。

最是风雅沧浪亭！风雅在哪儿？就在那古朴典雅的亭台间。整个园林不大，最高处正是沧浪亭。亭子四围通视，顶盖飞檐翘角，色泽古旧而有岁月感。站立亭中，放眼望去，真是满眼的绿，各种层次的绿。置身此间，不闻风吹自有清凉之意；若是有风骤起，倍添情趣，只见万竿摇动，翠叶沙沙作响。面对如此美景，苏舜钦一扫官场失意的阴霾，畅然赋诗："绿杨白鹭俱自得，近水远山皆有情。"其好友欧阳修艳羡之余赋诗打趣："清风明月本无价，可惜只卖四万钱。"800年后，沧浪亭重新整修，这两首诗竟然各取一句而成就千古名联："清风明月本无价，近水远山皆有情。"如今，这两句诗就镌刻在亭柱之上，成为沧浪亭的最佳注解。

  最是风雅沧浪亭！风雅在哪儿？就在那最美女子芸娘的心目间。芸娘是沈复《浮生六记》中的女主人公，被大作家林语堂誉为"中国历史上最有趣的女子"。芸娘和丈夫沈复二人伉俪情深，住在沧浪亭旁，闲暇时经常会去沧浪亭闲逛散步、吟诗作对。有雅兴的夫妻常去的地方，大抵也是充满了雅趣吧。正因为芸娘的故事，沧浪亭更添了些许人间烟火气。

沧浪亭（陈佳摄）

沧浪亭的廊与窗（陈佳摄）

　　在百园之城苏州，狮子林是唯一一座禅意园林。

　　北宋时期，徽宗好奇石，要在东京汴梁（今河南开封）造一座"万岁山"，苏州当时专门负责采集、运送太湖石。可是，一部分太湖石尚未运至汴梁，靖康祸起，北宋灭亡。

　　时间很快就到了元朝末年，高僧天如禅师来到苏州讲经，受到弟子们的拥戴。翌年，信徒们决意集资为他建造一座禅院。勘察院址的过程中，他们无意间发现那些被搁置在苏州的太湖石。200多年时光已过，大宋王朝已经灰飞烟灭，而这些石头却依然是旧时模样。禅院初建，"林中坡陀而高，石峰林立，峰之奇怪，而居中最高，状类狮

狮子林湖石假山（邱建明摄）

太 湖

子"。望着这些太湖石,天如禅师略一沉吟,将这座禅院命名为"狮子林"。

天如禅师圆寂后不久,不可一世的元朝也走向了风雨飘摇,大明王朝取而代之。因为兵灾连连,苏州寺庙大多荒废了,只有狮子林"泉益清,竹益茂,屋宇益完,人之来游而纪咏者益众"。来此纪咏的人中,最出名的当属倪云林。他画下的《狮子林图》,在改朝换代之后流入宫中,清乾隆帝爱不释手,于是兴冲冲地来到狮子林。园林虽好,但终非久恋之家。乾隆帝命人分别在长春园(今圆明园东侧)和承德避暑山庄仿建,"三狮竞秀"由此成为中国建筑史上的一段佳话。

如今,600多年过去,这座禅意园林依然处处机锋,任由南来北往的如织游人参悟。穿过祠堂大厅,走进狮子林,立雪堂是狮子林呈现给游人的第一个机锋,由"慧可立雪"的禅宗公案演化而来。再往里走,指柏轩与问梅阁,又分别取意于"赵公指柏""马祖问梅"的公案。

太湖石堆叠的假山,是狮子林兴建的基础,也是狮子林的文心所在。这里的假山群以"透、漏、瘦、皱"的太湖石堆叠,远观而赞叹倍加,入内则迷踪遍布。其中最为有名的当属九狮峰假山,其石造型如九头并立的狮子,妙在形似而有神韵。这里的山不高,但却足够新奇,迂回曲折、回环起伏;这里的水不深,但却足够婉转,飞瀑流泉若隐若现在花木扶疏之间。悠闲而生雅趣,假山成了传达禅意最直观的载体。

一石一水、一草一木，与中国传统建筑所追求的"天人合一"思想不谋而合，所营造的是自然而富有诗意的意境，所展现的是中国独有的建筑美学。

在苏州的园林中，如果说拙政园胜在宏大精美，狮子林胜在巧妙的假山群，那么留园妙就妙在精巧的布局，咫尺之内再造乾坤绝不是夸张的说辞，而是对其最真实的写照。

留园面积虽然不大，但却集住宅、祠堂、家庵、园林于一身。整个园林大致分为中、东、西、北四个部分，每个部分各有千秋，绝不雷同。中部以湖光山色为主，山明水秀、郁郁葱葱；东部数十处精致建筑，被回廊连接着，迂回曲折，引人入胜；西部是全园最高处，僻静是这里的主调，土石堆砌随意自然，到处都弥漫着浓郁的山林野趣；北部则筑有竹篱小屋，扑面而来的是清新的田园气息。试想一下，在一日之内、一园之中，尽情饱览庭院、山水、山林、田园四种不同风格的美，这是何等惬意、何等幸福的事情！

当来到留园门口，诗情画意的氛围就已经款款向你走来。粉墙黛瓦的门前是烫金的"留园"两个字。白墙两侧分别陈设着松萝盆景，不约而同地将秀雅的一面呈现在大门入口处，像是在迎接远道而来的游人。一进大门，先是一个迎客的前厅，紧接着是两道高墙夹峙而成的狭长逼仄的走道，正当你疑问重重的时候，前方突然又变得豁然开朗起来……不过短短几分钟的路程，走得却是一波三折，颇有"山重水复疑无路，柳暗花明又一村"的意境。在主厅五峰仙馆北，有"冠云峰"假山一座，其石为宋朝"花石纲"遗物，高6.5米，造型精致，玲珑剔透，集江南太湖石"透、漏、瘦、皱"的特色，是现存江南园林中最高大、最精美的一块太湖石。

整个留园，无论从哪个角度欣赏，都能看到各种空间变化：或许是大与小，或许是高与低，或许是明与暗，或

留园冠云峰（陈佳摄）

许是藏与露……走在这儿，你不得不从心里佩服那些能工巧匠，竟然能在这咫尺之间造出如此多的空间变化和美景，游人在这里尽可以"不出城郭而获山林之趣"。

留园一景（陈佳摄）

　　西山是太湖中最大的岛屿，也是我国内湖第一大岛。它发脉于浙江天目山，从宜兴东南伸入太湖，巍然矗立于湖中，像一颗巨大的珍珠镶嵌在湖面上，熠熠生辉。
　　西山风景区是整个太湖风景区的精华，有缥缈云场、水月问茶、林屋晚烟、消夏渔歌、甪里梨云、玄阳稻浪、肖山遗踪、鸡笼梅雪、横山旭日等二十个景点。

位于西山岛西南部的缥缈峰景区，为太湖七十二峰之首，也是西山的最高峰，海拔336.6米。缥缈峰由于经常被云雾笼罩，犹如传说中的缥缈仙境而得名。登临山巅，三万六千顷湖光山色尽收眼底。清晨，每有云霞绕山，时而绚烂、浓艳，犹如一匹抖开的彩绸；时而绮丽、奔放，仿佛一块透明的轻绡；时而欲露又隐，忽张忽敛；时而峰断数截，一派剪影风光。云霞成为缥缈峰美丽的装饰品，故有"缥缈晴岚"之称。

　　林屋山地处西山岛东部。登临山顶，既可近挹青翠，又可远收黛绿。尤其是每当晴日、夕阳西下之时，掩映在

缥缈峰顶（任兮摄）

绿树林中的山村，家家户户的烟囱里升起炊烟，袅袅冉冉，随风飘拂得如薄云淡雾，仿佛神仙境界。清朝遗民沈水易《林屋晚烟》诗云"灵威误却前时路，禹镇石函原有故。鸡犬安闻物外春，烟迷洞口斜阳暮"，故有"林屋晚烟"之说。

西山岛南端的明月湾古村，依山傍湖，三面群山环绕，终年葱绿苍翠，深藏不露，深得桃花源意境。村内有南北两条东西走向的主要街道，两街之间有多条横巷，纵横交叉，井然有序，俗称"棋盘街"。街面均以花岗岩条石铺设，下为沟渠，故有"明湾石板街，雨后穿绣鞋"的民谚。街道两旁多明清建筑，高低错落，斑驳苍古，房前屋后栽植四季花果，人烟鸡犬在花林中，真是"水抱青山山抱花，花光深处有人家"。

西山雕花楼位于西山镇的堂里村，占地约2000平方米，曾有五进七落七天井，始建于清康熙年间，堪称西山最显赫的大户人家。一进楼，映入眼帘的便是精美的雕刻。梁柱、门楣、长窗，到处都是美妙的木雕花饰，门楼、照壁和墙体，则是用沉稳厚重的砖雕制成。3000余件雕刻，从大的砖雕匾额，到小的木雕花窗，或花鸟鱼虫，或戏文故事，绝无雷同。

西山是"洞庭碧螺春"的主产区。洞庭碧螺春采制所需的人工量极大，成本高，是真正的"功夫茶"。制茶所用嫩芽是初展的一芽一叶（俗称"一旗一枪"），制成后

明月湾古码头（杨晓伟摄）

的洞庭碧螺春香气浓郁纯正，具有条索纤细、卷曲似螺、幼嫩整齐、白毫遍体、色泽绿翠的特色。

被乾隆帝钟爱而"复制"的江南园林，除了狮子林，还有无锡的寄畅园。

自1684年到1784年的整整100年间，清康熙、乾隆两个皇帝十二次巡游江南，每次都必游寄畅园。乾隆帝认为"江南诸名胜，唯惠山秦园最古"，且"爱其幽致"，因此绘图带回北京，在清漪园（颐和园）万寿山东麓仿建一园，命名为"惠山园"。

穿过寄畅园大门门厅后，是一个大天井，其尽头有一间敞厅。从敞厅左转，又是一组造型别致的庭院。步出庭院后左行，不远处，可见一条由黄石堆砌的古道，这就是名闻遐迩的八音涧。沿着小道蜿蜒前行，潺潺的泉水打在涧底的嶙峋怪石之上，有敲击的律动。再往前走，泉水忽而潜入地底，忽而从脚底涌出。泉声也是变幻莫测，时而清越，时而沉郁。最后，虽然水声几不可闻，但远处的鸟鸣声反而越来越近。这样的静与动、轻与响，交织反复，是工匠通过对假山与泉水进行不同的搭配组合，产生犹如八音同奏的效果，真是令人拍案叫绝。

寄畅园的中心是一方三亩的池水，南北长，东西窄。池北土山，乔柯灌木，与惠山山峰连成一气；而从嘉树堂向东看，又见"山池塔影"，将锡山龙光塔借入园中。山影、塔影、亭影、榭影、树影、花影、鸟影，尽汇池中，寄畅园成为江南园林中借景的楷模。

无锡寄畅园以幽见长，它的长处在于简洁淡雅、朴素无华，不去追求华丽的装饰，而因园内古树阴翳，营造出一派幽深静谧的庭院气氛。

在江南园林中，或许寄畅园不是最有名的，却是最有故事的。1511年，明朝尚书秦金致仕回乡，将惠山寺的僧寮改建成别业，并取名为"凤谷行窝"。1591年，秦金族侄秦耀被贬黜罢官回乡。他将抑郁之情寄托于山水，改建园子，并根据《兰亭诗》"三春启群品，寄畅在所因"将园子更名为寄畅园。清朝康熙年间，秦德藻、秦松龄父子对寄畅园中山水、建筑等做了较大改造，园貌焕然一新，

寄畅园（邵晓霞摄）

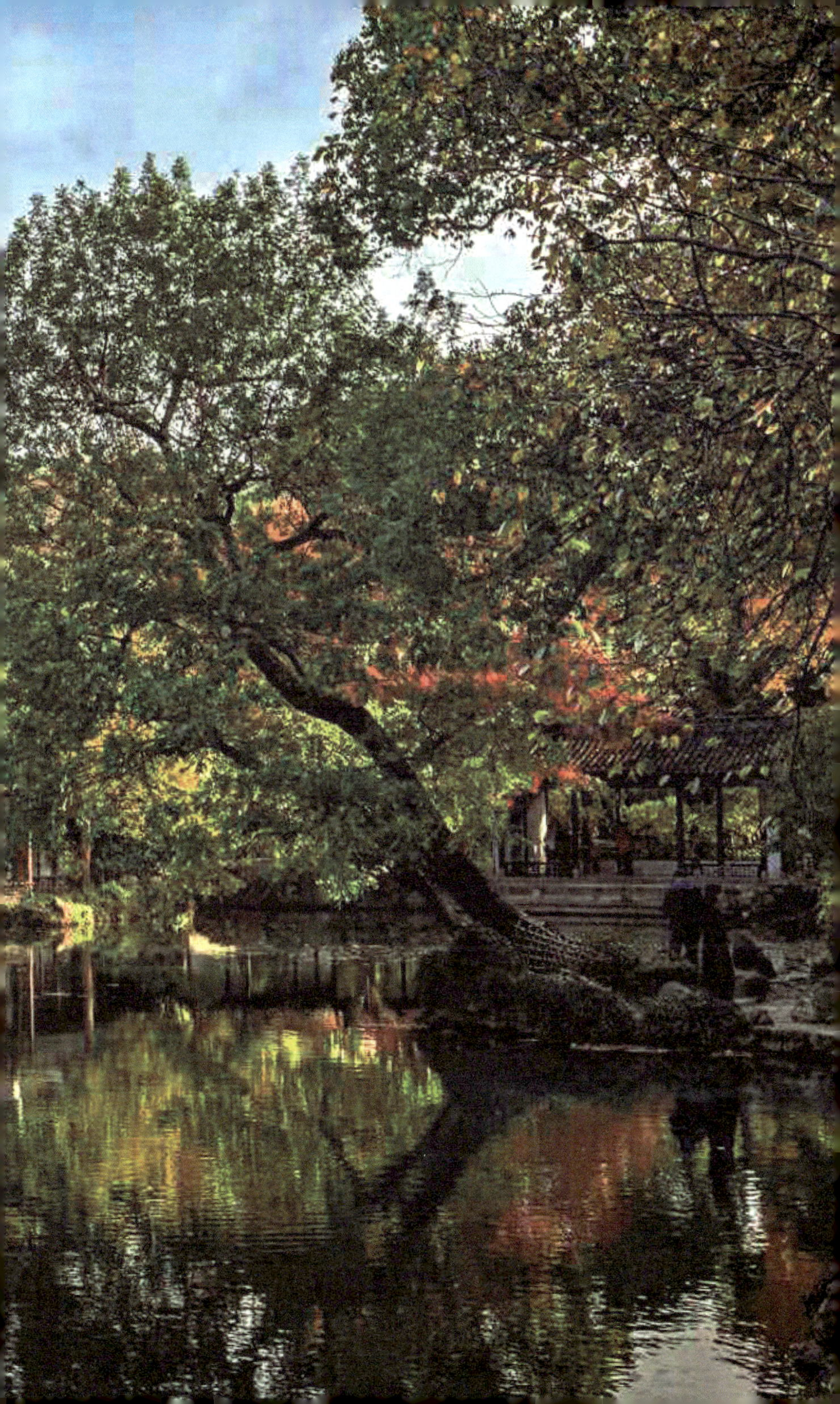

寄畅园园景(邵晓霞摄)

这一次的改造也奠定了寄畅园今日的面貌。

　　数百年间,这园子荒了、兴了……轮回中,激荡着几代主人起伏的命运,从一座疏野小园,出落为冠绝江南的天下名园。

>　　踏遍江南南岸山,逢山未免更留连。
>　　独携天上小团月,来试人间第二泉。
>　　石路萦回九龙脊,水光翻动五湖天。
>　　孙登无语空归去,半岭松声万壑传。

　　1074年春,苏轼"踏遍江南南岸山",游历江南美景。在无锡,苏轼登临惠山,眺望太湖,品尝用惠山泉烹制的贡茶"小龙团",不觉心情舒畅,才思泉涌,写下这首流传千古的《惠山谒钱道人烹小龙团登绝顶望太湖》。浪漫清新的诗句,写尽了二泉之唯美,二泉也确有底气配得上苏子的点赞。

苏轼来到惠山访泉,是追随300多年前一位文人的脚步而来,他就是被后世奉为"茶圣"的陆羽。756年,"安史之乱"爆发,唐朝开元盛世之花开始凋谢。陆羽渡江来到无锡,走进惠山寺。在皎洁的月光下,茶圣烹泉煮茗,以茶论道。寺外,天下刀兵四起,群雄争霸;而惠山寺内,却是茶香连着墨香,禅意伴随诗情。陆羽访遍天下名泉,把"水之与茶宜者"分成二十等,无锡的惠山泉名列第二,"天下第二泉"的美誉由此而来。

陆羽的背影在惠山渐渐远去,但千百年来二泉的遗风雅韵生生不息。唐朝的李绅、皮日休,宋朝的王禹偁、梅尧臣、蔡襄、黄庭坚、秦观、杨万里,元朝的赵孟頫、倪云林,明朝的王绂、文徵明、唐伯虎……文人们在惠山二泉前品茗唱和,徘徊流连,留下大量诗文和画作。

今天的二泉,共分上、中、下三池。泉上有"天下第二泉"石刻。上池呈八角形,这里的水质最好,水色透明,甘冽可口;中池呈不规则方形,水体清淡,别有风味;下池呈长方形,凿于宋朝,泉水从上面暗穴流下,由螭口流出,终年不息。

时至今日,二泉依然是爱茶人心中的圣地,游人如织。

天下第二泉（杨晓伟摄）

茶道表演（陈佳摄）

秋日的午后，在古韵盎然的茶馆，游客们泡一壶香茶，听一曲《二泉映月》，打发慵懒的时光。云岚萦回，一段寺、茶、诗、月精妙融合的史话，徐徐展现在眼前。再看杯中茶，色泽虽已淡，清越在心头。

梅园，春天开始的地方。每年的早春，无锡的人们总会将惊喜的目光投向城西的梅园。

顺着最佳赏梅线路，从三星石、天心台，一路上坡，看遍梅花的风情万种。含苞待放的梅花脉脉含情，新绽的梅花嫩蕊轻摇，怒放的梅花潇洒自如。行至最高处念劬塔，俯瞰整个梅园，梅花开遍，云蒸霞蔚，平静的水面投映出美丽的画卷，清晨和煦的阳光把全园镀成金色，给人以无限关于美的遐想。

春天的梅园，前来赏梅的游客和市民络绎不绝。看看这一树，闻闻那一枝，行走在芳香里，冬的桎梏早已不翼而飞。枝头的花与赏梅的人，一并成为最美的风景。春在梅园，也在每个人的脸上、心上。

也难怪，中国人对梅总是有着一种特别的情感：植梅，赏梅，咏梅，画梅，写在歌里唱着它，印染织绣穿着它，制成饰品戴着它，做成工艺品赏着它，取进名字里唤着它……炎黄子孙与梅情缘深重。

梅园始建于1912年，著名民族工商业者荣宗敬、荣德生兄弟在东山辟园，利用清末的小桃园旧址，植梅数千

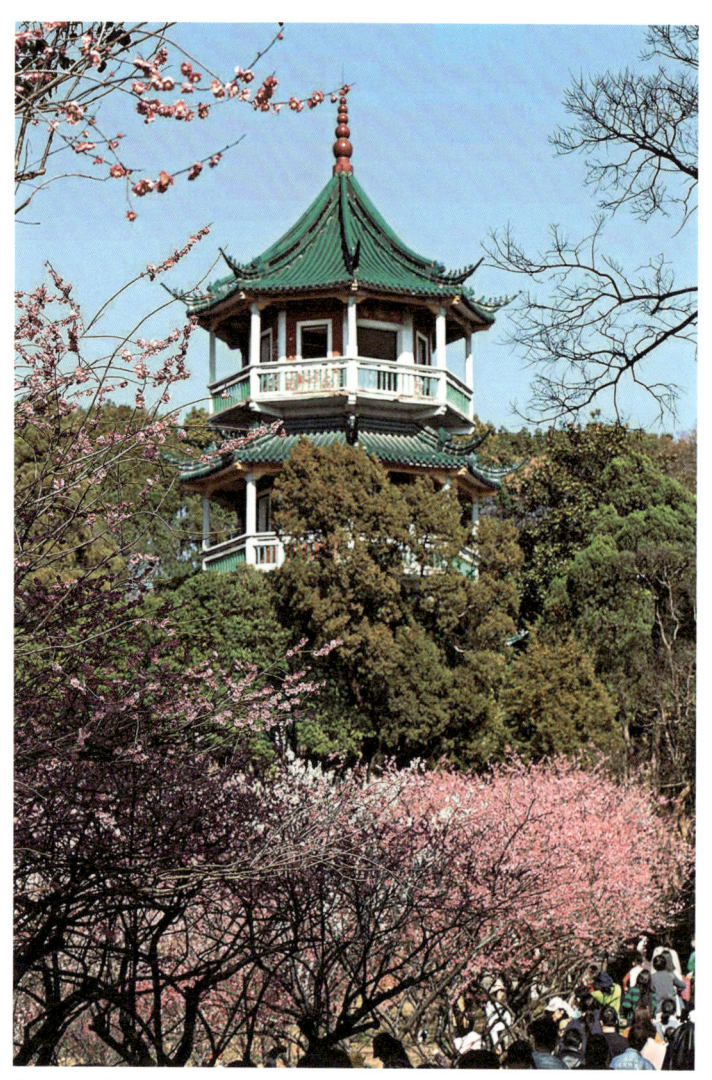

梅园念劬塔（周敏栋摄）

梅园里盛开的梅花（任兮摄）

株。中华人民共和国成立后，梅树的数量和品种均逐渐增多。梅园现有梅树三四十个品种4000多株，著名的有洁白素净的玉蝶梅，花如碧玉、萼如翡翠的绿萼梅，红颜淡妆的宫粉梅，胭脂滴滴的朱砂梅，浓艳如墨的墨梅，更有枝干盘曲、矫若游龙的龙游梅，等等。

诵幽堂是梅园的主体建筑，也是梅园文化含量最高的厅室。厅堂廊檐上方"湖山第一"和"妙笔天然"的匾额，以及两侧廊柱上"四面有山皆入画，一年无日不看花"的楹联，说出了梅园尊重自然、道法自然、天人合一、中发心源的造园理念。另外一副"使有粟帛盈天下，常与湖山作主人"的楹联言简意赅，上联讲荣氏企业取得的不凡成就，下联讲梅园主人荣德生热爱祖国、热爱家乡的宽阔襟怀。两边抱柱上则有对联："为天地布芳馨，栽梅花万树；与众人同游乐，开园囿空山。"这是荣德生当初建园的宗旨。他把梅园定位为"社会事业"，免费向大众开放。在《乐农自订行年纪事》中，荣德生记载了梅园游客云集的场景。当他看到车夫、船妇及小吃摊贩等远道而来做小买卖的很多，以致于楠木厅前简直就是一个小集市，"虽觉不甚雅观，但附近贫民得借以营生，亦可喜也"。

在近代民族工商业的发展历程中，荣氏兄弟坚持"发展实业，应从吃穿两门入手"，因为"衣食为人生要需，解决衣食问题，莫如多办面粉厂与纺织厂"。经过数十年的惨淡经营，荣氏兄弟最终成为面粉和纺织"双料大王"。在兴办实业的同时，荣氏兄弟致力于社会福利事业。他们在所办企业内开展惠工事业，在社会上修路造桥、兴办学校、创设园林，造福桑梓。荣德生一生节俭自奉，生活简朴，虽有万贯家产，仍布衣布鞋，粗茶淡饭，早出晚归，兢兢业业。

在中国人的心目中，梅花具有高洁的品格：数九严寒，傲霜斗雪，梅花勇毅不屈；俏不争春，只为报春，梅花实干谦逊；成泥作尘，芳香如故，梅花清雅自守。"一生低首拜梅花"，梅花的这些拟人化的品格，在荣德生的身上得到了生动的体现。

鼋头渚，因太湖岸边充山的石脉伸入湖中，形状酷似神龟昂首而得名。

早在南朝萧梁时期（502—557年），鼋头渚就是文人墨客喜爱的江南"桃花源"，充山北麓的广福庵是"南朝四百八十寺"之一，梵音禅意融化于烟雨山林之中。明清时期，鼋头渚已胜迹遍布，春日游人络绎不绝。范仲淹在此留下《太湖》一诗："有浪即山高，无风还练静。秋宵谁与期，月华三万顷。"徐霞客游历一生，多次从这里的古码头启航远行。

鼋头渚一带留存有许多汉朝以来的人文遗迹，如汉朝的"朱山宝界"，宋朝名士钱绅读书处遗址，明朝王问、王鉴父子的湖山草堂旧址，东林领袖高攀龙湖畔踏浪所遗留的"明高忠宪公濯足处"及其镌诗"马鞍山上振衣，鼋头渚下濯足"等。清末无锡知县廖伦惊叹于三万六千顷太湖之浩渺恢宏，欣然题下"包孕吴越""横云"，镌刻于临湖峭壁之上，为鼋头渚山水又添佳景。

鼋头渚风景区在近代得到全面开发。1916年，无锡民族工商业者杨翰西买下80亩水岸建造横云山庄，进行了鼋头渚的早期开发。后经多次建设，至20世纪30年代，景区已初具规模。此后，王氏太湖别墅以及陈家花园、万顷堂、茹经堂等近代园林建筑先后建成，鼋头渚景区格局逐步完整，质朴又不乏诗意的园林风格不断得到凸显。在亭台楼榭、绿树灯塔的衬托和自然神力、人工雕琢的融合下，鼋头渚凸现于青山绿水之间，七分自然天成，三分得人机巧，构成了自然风光与人文景观和谐相融、天人合一的太湖名胜景区。

鼋头渚"山不高而秀雅，水不深而辽阔"，以其无边风月吸引着无数中外游人。现代著名诗人郭沫若在游览后曾感慨："太湖佳绝处，毕竟在鼋头。"因此"太湖佳绝处"就成了鼋头渚最经典的广告语。

今天的鼋头渚，更是以"世界三大赏樱胜地之一"而闻名。"樱花落尽阶前月，象床愁依熏笼"，樱花时节的鼋头渚，如同童话世界般惊艳美丽。三万余株樱花在碧水青山的掩映下竞相开放，从湖边到山谷，从水畔到亭榭，一路延展，绚烂如画，粉色的云海与天边彤色的朝霞在湖面上遥相呼应，荡漾着柔情的涟漪。鼋头渚的樱花惊艳了整个湖畔的春天，身临其中，就像浪漫的梦境蕴入每个人的心里。

鼋头渚（邵晓霞摄）

樱花烂漫时的鼋头渚（杨晓伟摄）

古镇老街：以水而生，因水而兴

周庄，位于苏州昆山市，最早的历史可以追溯到春秋时期，为吴王少子摇的封地所在。到了北宋年间的1086年，周迪功在此捐田建寺设庄，将此地更名为"周庄"，并一直沿用至今。

周庄，今天以"中国第一水乡"而闻名。四通八达的水系，是周庄最主要的特色。一个井字形的环形水系构成了全镇的骨架，咫尺往来，皆需舟楫。缘水而居的周庄人，与桥结下了不解之缘。贞丰桥、富安桥、太平桥、永安桥、怀德桥、福洪桥、通秀桥……每一座桥都有一个寄托美好愿望的吉祥的名字。用欣赏的目光看，每一座桥又都是一幅画，一幅人与自然、人与历史交汇的风景画。

拱桥结构的世德桥和石梁桥结构的永安桥，是周庄最为著名的两座桥梁。一横一竖，一拱一平，一圆一方，两桥首尾相连，重合而形成了一个极美的钥匙图案，人们因此俗称其为"钥匙桥"。就是这把"钥匙"，开启了周庄通向世界的大门。1984年，旅美画家陈逸飞以双桥为原型创作了名为《故乡的回忆》的油画，惊艳了全世界。从此，周庄之名因这幅名画而远播海内外。

陈逸飞油画《故乡的回忆》

周庄的近千户民居建筑中，明清和民国时期的建筑至今仍保存有百分之六十以上。张厅、沈厅、顾宅、戴宅、梅宅、慎德堂、赵宅、凤凰楼、墙门楼……近百座古宅院第和60多个砖雕门楼，如棋子般散落在棋盘一样的水乡里。在这些建筑中，最具代表性的是张厅和沈厅。张厅是明朝开国功臣中山王徐达之弟徐逵的后裔所建，清初转让给张氏，改名为玉燕堂，俗称张厅。张厅悬有"轿从门前过，船自家中来"的对联，生动地描绘出水乡周庄的建筑特点。沈厅与明初富商沈万三有渊源关系。沈万三颇有经营头脑，以垦殖为根本，大胆发展海外贸易，而一跃成为巨富。明初，朱元璋定都南京，沈万三捐资修筑了都城的三分之一。后来，沈万三因口出大言而得罪了朱元璋，被发配到云南充军，在荒凉的边境度过余生。其后裔沈本仁同样经商有成，于清乾隆年间在周庄建设了沈厅。沈厅占地2000平方米，七进五门楼，大小房屋共有100多间，分布在100米长的中轴线两旁，为典型的江南民居建筑群。

著名画家吴冠中生前多次游历周庄，这里的老宅、街巷，在他笔下化成了那一幅幅极简的江南水墨画。他说："黄山集中国山川之美，周庄集中国水乡之美。"周庄也当之无愧地成为中国第一水乡，无怪乎坊间说道："上有天堂，下有苏杭，中间有个周庄！"

同里，东临同里湖，南连叶泽、南星两湖，北接九里、

周庄张厅内景

阳澄、澄湖三泽,西通吴淞江。网状河流将同里镇区分割成七个精美别致、形状各异的小岛,家家临水,户户通舟,船行水上,人在画中,故同里有"东方小威尼斯"之美誉。

踏着青石板铺就的弯弯曲曲的小路,闻着南国香樟树的清香,听着橹声阵阵、流水淙淙,随处可见小巧精致的园林、参天葱郁的古木、临河而建的旧屋……同里最为著名的园林,当属退思园。退思园始建于清朝光绪年间,其主人是任兰生,他曾在今天的安徽省当地方官员。任兰生回归故里后,建造了这座私家花园。园名取自《左传》"进思尽忠,退思补过"之句。

退思园面积仅10亩有余,小巧玲珑,融居住与园林于一体。其布局别出心裁，一改江南园林纵向的布局结构为横向的布局结构。退思园由西宅、中庭、东园组成，楼与楼之间，以环形"走马楼"贯通，晴天遮阳、雨天不湿脚，其设计真可谓独具匠心，引人入胜。同时，退思园以水池为中心，退思草堂、坐春望月书楼、琴房、闹红一舸等诸多建筑分列四周，紧贴水面，站在高处，整园如浮于一片清水之上，水中翩翩倒影，上下辉映，俨如一幅浓重的山水画卷。园中每一处建筑既可独自成景，又可与另一景观相呼应，人游其中，颇有步移景异之妙。

在这些亭园建筑之中，闹红一舸最富动感。这是一座船舫形建筑，突兀池中，风吹不动，浪打不摇，人站船头，却有小舟荡湖之感。舸由湖石托出，半浸碧水，水流漩越湖石孔窍，潺潺之声不绝于耳。舷侧水面，行云倒影浮动，恍若舟已启航，别有情趣。石舸之四周，植有荷花及菰蒲，夏秋季节，清风徐徐，绿云摇摇。

园林专家陈从周这样感叹："吴江同里镇，江南水乡之著者，镇环四流，户户相望，家家隔河，因水成街，因水成市，因水成园。任氏退思园于江南园林中独辟蹊径，具贴水园之特例。山、亭、馆、廊、轩、榭等皆贴水，园如出水上。"

退思园虽小而求齐全，不失为园林建筑史上的杰作，真可谓"莫道园林小，佳景知多少"。1986年，美国纽约市在该市斯坦顿岛植物园内，以退思园为蓝本建造了一座面积约357.68平方米的江南庭园,取名"退思庄"。由此可见中国园林的传承已不止于本国,它的种子飘越国度,在异域生根、开花、结果,担负起了传承中华文化的使命。

  早起的阳光,越过高耸的马头墙;倔立的瓦松,沐浴着生命的礼赞。鸟雀唧啾,在屋檐上跳来跳去,唤醒了驳岸边的杨柳。
  与保圣寺一墙之隔的小学堂,拉响了上课的电铃声。一位清瘦的年轻人,穿着青灰色长袍,捧着一摞书,立于

同里水乡一景(陈佳摄)

同里退思园（陈佳摄）

校门外。三三两两的小学生从他身边经过，恭恭敬敬地鞠了一躬，喊道："先生早！"年轻人微微躬身，笑着回应："早。"那声"早"，是标准的苏州口音，说得认真且又软糯。

这大抵是1917年发生在苏州甪直小镇的片段。苏州青年叶圣陶在镇上的小学堂当起了教书先生。

在此后的五年时间里，叶圣陶对教材、课程、教育教学方法进行了一系列大胆的革新，意气风发地开展了一场轰轰烈烈"为人生而教育"的乡村教育改革实验。他自编学生教材，将白话文、新文学作品和乡土教材引入课堂；自掏腰包购买大量的中外名著以及《新青年》《新潮》等进步刊物，创办了博览室和利群书店；办起了生生农场，带领学生在校园西北角挥锄破土开出一片田地；办起了利群商店，销售学习用品和糕点食物，由学生轮流掌柜，感悟商业之道；建立了音乐室和篆刻室，自编自演戏曲，对学生实施素质教育。

叶圣陶还开始了文学创作，编辑了中国新文化运动史上的第一个新诗刊物——《诗》，创作了小说、散文、诗歌近百篇。著名短篇小说《多收了三五斗》、长篇小说《倪焕之》、童话集《稻草人》中的不少素材、社会背景、人物形象，都源于他在甪直执教期间的生活和教育实践。

那段恬静的小时光，再也没有走出叶圣陶的心里。正如他自己所说："这里有我真正意义上的教师生活""甪直是我的第二故乡"。1988年2月，叶圣陶与世长辞，其骨灰被安放在甪直。正因为叶圣陶，甪直具有了其他古镇所不具备的鲜明特色。

到甪直去游玩，另一大看点是欣赏当地水乡女子的服饰打扮。她们以梳髻盘头、扎包头巾、穿拼接衫裙、着绣花鞋，轻轻盈盈地走在小巷老街上，浑身上下透溢着江南女性的韵味，仿佛是水乡中盛开的荷花，让人过目不忘。

角直古镇水景(任兮摄)

叶圣陶《多收了三五斗》中万盛米行现貌(周民森摄)

小桥流水，枕水人家……荡口古镇有着与众多水乡一样的景致，但这里又有着其他水乡所少见的"孝义文化"。

荡口，位于无锡市鹅湖镇境内，地处无锡、苏州、常熟三地交界。这里的古名丁舍，相传是东汉孝子丁兰故里。丁兰，是《二十四孝》中"刻木事亲"故事的主人翁。到了东晋年间，无锡华氏家族的华豪应征赴长安，临别时他对年已8岁的儿子华宝说："须我还，当为汝上头。"意思是等他出征归来，为儿子举行成人冠礼。结果，华豪战死，不能实现为儿子加冠的诺言。华宝得悉后恸哭流涕，难以自抑，终其一生不结婚、不带冠。华宝，被无锡华氏奉为"孝祖"，今天的惠山古镇就建有华孝子祠。到了元末明初，华幼武、华贞固父子移徙鹅湖，为侍奉母亲而建立了孝养敬老的场所"春草轩"。此后，荡口的孝义之风，代代相传。明末忠臣华允诚一片丹心、冒死直谏，明亡后舍生取义，以身殉国。

恪守孝道，推己及人，博爱众生，务本济物。把"孝"衍化为"义"，是荡口孝义文化升华为实际行动的具体表现。1503年，华祯首建无锡第一义庄；明万历年间华察又创设义田接济族人；清乾隆年间华进思捐义田1340亩，建立了华氏老义庄，至清末义田数量达7000亩，规模在苏南独占鳌头。此外，华氏还相继建起了永义庄、新义庄、襄义庄、春义庄，另有徐氏义庄、殷义庄、须义庄等。全盛时荡口镇义庄近十所，其规模之大、数量之多，均为江南之首，在全国也属少见。

以孝义持家并将其发扬光大的古镇，其文化底蕴自然优于常者。这里，走出了一批又一批名人大家。家族中有中国活字铜版印刷发明人华燧、明朝大收藏家华夏、赐一品服出使朝鲜的翰林院大学士华察等。到了近代，荡口更是名人辈出。华蘅芳、华世芳兄弟钻研近代数理之学，和同乡徐寿一起造出中国海军历史上第一艘蒸汽动力船——黄鹄号；华鸿模、华绎之祖孙领导时代风气之先，投身近代机器工业，造福桑梓；《歌唱祖国》的词曲作者王莘自幼在家乡受到民间音乐的熏陶，最终走上了为人民作曲的道路；漫画家华君武用手中的笔辛辣讽刺社会的同时，还把家乡的美景画入画中；一代儒宗钱穆和力学大家钱伟长叔侄早年在荡口受到启蒙教育；中国航天微电子与微计算机技术奠基人、导弹专家黄敞、黄敦兄弟同样喝着鹅湖水长大。此外，第一个用工尺符号记录大量琵琶曲谱、琵琶古曲《十面埋伏》的曲谱编写者华秋苹，首创乱针绣法的民间刺绣艺术家华图珊，引进莫尔斯电报、铺设中国第一条海底电缆的华世鉴等均为荡口人。

无锡有一座古镇，在江南繁若星辰的古镇中是如此独一无二，它不以婉约清秀的风光闻名，而以厚重绵长的祠堂著称，它就是惠山古镇。

据统计，古镇内已发现历代祠堂108处，汇集了唐朝至民国时80个姓氏180个历史名人。徜徉古镇，青石板

荡口古镇（周敏栋摄）

华氏义庄（任兮摄）

街上两旁的祠堂建筑鳞次栉比，五步一楼、十步一阁，仿佛回到了当年飞楼连阁的繁盛时期。这些祠堂大多为朱墨丹青的徽派建筑，屋顶上翘起的飞檐彰显气派，马头墙已经斑驳，岁月浸染在墙壁上，留下了发黄的印迹。

明朝嘉靖年间，建立宗祠的特权从王公贵族专享开始走入民间，一时间无锡的名门望族、各大姓氏的百姓都在城郊惠山营建家族宗庙，形成了连绵不绝的建筑群。一开始，宗祠是家族用来供奉祖先、收藏家谱之地，总给人一种威严高冷的感觉。族人聚集在祠堂中讨论家族重要事务，或者举行成人礼等仪式；孩子们也会聚集于此，在老先生的启蒙教导下开启人生的学习之路。于是，宗祠的空间拥有了社交与教育意义。

今天，踏遍古镇的游人，大概会被浩浩荡荡的祠堂群落所震慑，更会被先贤的事迹所感动——原来在这片土壤上我们拥有群星闪耀的历史。

这些汇聚在惠山古祠堂群的诸多氏族，家学、家风可能各有千秋，但大抵离不开主流的儒家思想。那些流芳百世、为家族挣得光耀的人，上行而下效，训诫后人谨记先祖的德行，传承家族笃信的价值准则，冀以实现修身、齐家乃至治国平天下的理想追求。于今而言，惠山古镇让人们找到人生来处，可以追根溯源，又将几百上千年的掌故抹去时差，供人怀着敬畏之心观摩自省。

岁月流转，越来越多的年轻人离开老家，四散各地，但姓氏与家族观念是融于骨血的牵挂。家乡总是温暖与赋予人力量的存在，很多人来到这里试图找寻本姓的宗祠以及血脉中的归属感。

惠山的许多祠堂，本身就是一处处精巧的园林。祠堂的后花园内，假山造景，亭台阁榭，池沼石蟥，青苔古桥，江南园林的布局陈设一样不缺。坐在游廊小憩，看几尾红鲤在碧水中嬉游，清波被反射到黑檐下的白墙上……一路游园，宛如流动在画卷中。人们本以为庄重又肃穆的"寻根"之旅，由此变得轻曼又有趣了起来。

惠山古镇水景（杨晓伟摄）

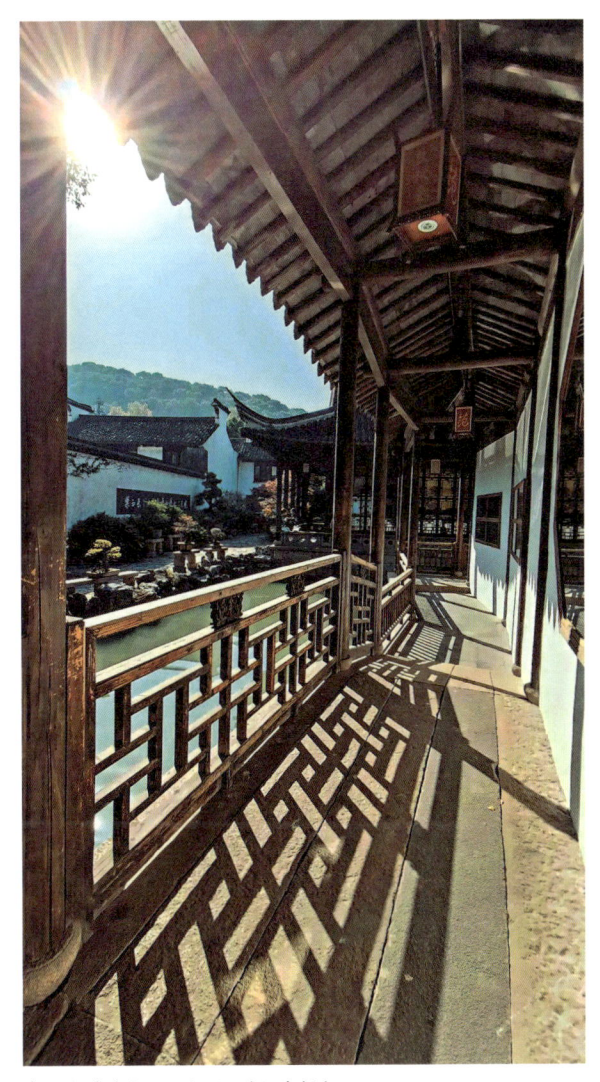

惠山古镇范文正公祠后院（任兮摄）

惠山古镇祠堂群（邵晓霞摄）

悠悠运河：摇曳着道道文化的幽光

京杭大运河，自北向南流经太湖流域，划过一条美丽的弧线。在波光粼粼之中，运河日夜奔流不息，摇曳着一道道文化的幽光。

今天，就让我们乘上一叶小舟，沿途领略千年运河的风采吧！

如果有人问起无锡运河最美的景色在哪里，当地人一定会说："南门头上水弄堂。"

他们所说的"水弄堂",当然是指古运河流经无锡古城南门外的那一段。这里,以往是南来的旅人进入无锡城的必经水路。明清时期,朝廷在这里专门设置了驿站,也正是从这个时期起,这里逐步成为繁华之地,市列珠玑,户盈罗绮,明灯长夜。今天,这里经过大规模的复古改建,却依然保留着当年城市的历史印记,成了人们追忆历史时光的最佳去处。

那街,依然是临水人家,粉墙黛瓦。南长街上,绵延几里长的古建筑,前店后坊,既有浓郁地方特色的院落,

大运河无锡段(邵晓霞摄)

又有中西合璧的石库门商贾别墅。屋脊上层层叠叠的瓦片，黯淡的颜色分明是被岁月烟云熏染而成的。屋檐下往往有一株藤萝，或是几竿竹子，藤蔓枝叶将窗子半遮半掩，清幽而雅致。与南长街一水相隔的是南下塘。这里仍然居住着许多原住民，街巷间弥漫着食物煎炒煮蒸的味道，间或有轻柔的音乐，透露出生活的祥和安逸。跨过伯渎桥，步入大窑路。因为取水和运输方便，自明朝起这一带密布砖窑，到清朝极盛时期有上百座砖窑。今天窑火已经熄灭，窑烟也已散去，唯有一座座窑址仍在诉说着昔日的辉煌。

那桥，依然是宛若游龙、意态横出。飞架运河两岸的清名桥，是这里最为大名鼎鼎的景点。桥呈单拱，拱圈采用江南常见的分节平列式，用坚硬的花岗岩砌成，造型简洁但又建筑精美。桥上的银白色栏杆，被岁月风雨侵蚀，已然残破斑驳，手抚上去，粗糙而凉爽的感觉瞬间传递到掌心。桥始建于明朝，一直以来是"家"的标志。在外漂泊多日，游子们度过一段苦旅，在某天的晨曦中隐隐约约看到远处的清名桥时，心胸一震，家乡在望。十五之夜，月光下桥拱倒映在水面上，形成一个满圆，与水面不远处天空中满月的倒影相映成趣。"横桥远亘如游龙，明珠影落长河中"，以此天成佳句形容清名桥，再恰当不过了。

那景，依然是市井街巷、小桥流水。斜倚栏杆，目光

清名桥（吴峥嵘摄）

    收放之间，古运河的魅力展露无遗。两岸青石垒砌的河岸，夹出一道宽约十几米的水流，缓缓地流淌，"水弄堂"名不虚传。枕水人家几乎家家都有水码头，约七八级石阶，一直通到水里。临水民居连同蓝天白云的倒影被水波荡漾开来，有了明与暗、真与幻的层次和韵律。过往的数百年中，眼前大略都是这样的风景。入夜，这里又体现出了现代化的气息。霓虹灯亮起，河面也被染得五彩缤纷。有舟船在流光溢彩的水上缥缥缈缈慢行，景色让人恍惚，仿佛时光倒流。

    "月落乌啼霜满天，江枫渔火对愁眠。姑苏城外寒山寺，夜半钟声到客船。"唐朝张继的《枫桥夜泊》，让枫桥和寒山寺名扬天下。

    那时，"安史之乱"已起，唐朝开元盛世之花开始凋

夜色中的水弄堂（邵晓霞摄）

太　湖

谢，不少文士纷纷从中原逃到江南避乱，其中就包括张继。一个秋天的夜晚，张继泊舟苏州城外的枫桥。在幽美的水乡之夜，对家乡的思念和对国家的忧思，以及对身处乱世尚无归宿的顾虑，化作丝丝愁绪涌上心头，他吟出了这首不朽名诗。

那么，是谁敲响了姑苏的洪钟？在 100 年前，两位名叫寒山和拾得的僧人曾经执起钟前的敲棒。寒山和拾得，是中国佛教史上两位著名的诗僧。两人"状如贫子，又似疯狂"，但在佛学、文学上有着很深的造诣。他们之间，曾有一段著名的玄妙对谈。一天，寒山问曰："世间有人谤我、欺我、辱我、笑我、轻我、贱我、恶我、骗我，该如何处之乎？"拾得答曰："只需忍他、让他、由他、避他、耐他、敬他、不要理他，再待几年，你且看他。"这段绝妙的问答，蕴含了面对人我是非的处世之道，因此虽经 1000 多年仍教化着芸芸众生。

那一夜，钟声从一位虔诚的僧人手中传出，富有神秘的震撼力，又传入了一名有缘人的耳中，传听之间成就了寒山寺钟声的威名。

泊舟，登岸，一片明黄迎面而来，寒山寺到了。好一处江南园林式的道场！在寒拾殿，寒山和拾得两位高僧已经化成了两尊塑像。寒山执一荷枝，拾得捧一净瓶，披衣袒胸，嬉笑逗乐，一副凡夫俗子的形象。从清朝起，民间开始将寒山、拾得称为"和合二圣"，这是人们心中相亲相爱、吉庆祥和的象征。

来到大名鼎鼎的寒山寺，怎能不去亲眼看看那个点醒了张继的铜钟？所谓钟楼，就是一座六角形重檐亭阁。沿着旋转木梯上到二楼，就看到这传说中的铜钟了。这是仿唐式古铜钟，总重量108吨，钟高8米多。自从寒山寺名声大噪后，每年的除夕夜，这里的钟声都会迎来湖水般的中外游客。

寒山寺外，枫桥仍在。走上枫桥，桥下流水潺潺。桥上行人满脸欣喜，或赏景，或拍照，或沉思。枫桥是单拱石桥，巨大的圆弧与水面上枫桥的倒影合成一个巨大的圆，水波激滟，回清倒影，有几叶小舟泊于河畔。短短的一座桥，彼岸与此岸一河之隔，也隔着一段跨越千年的唐朝遗梦。

离开的时候，暮色四合。在悠远的钟声里，在一首诗的浅淡意象里，似乎显现出一个才子面对家国哀仇而诗兴喷发的背影。

很快，小舟行到苏州的阊门。阊门，曾经是苏州最为繁华的地方，是四方货物集散的批发中心。从这里出发，通过京杭大运河往北去向长江，南下则通达杭州。

连着阊门的是山塘街。曹雪芹在《红楼梦》开篇第一回赞美过阊门，称这里"最是红尘中一二等富贵风流之地"，又说"这阊门外有个十里街"，显然说的就是山塘

寒山寺照壁（任兮摄）

枫桥（任兮摄）

街了。曹雪芹之说，自是有来历的。明朝民歌《大九连环》唱道："上有呀天堂，下有呀苏杭，杭州西湖，苏州末有山塘，哎呀，两处好地方，两处好风光。"

山塘，是白居易留给苏州的礼物。公元825年，白居易来到苏州担任刺史。有一日，大概是个春天，他乘上小舟来到虎丘赏花。他发觉河道淤塞、水路不畅，于是当机立断，挽起袖子，带领百姓清淤排涝、开凿水道，从阊门护城河一直挖到虎丘山麓，这就是山塘河。挖出的淤泥堆积在河两岸成了"白公堤"，后来又演变成山塘街。据《长洲县志》记载："唐白居易来守苏州，始凿渠以通南北而达于运河，由是南行北上，无不便之，而习为通川，今之山塘是也。"白居易泛舟山塘河上，欣赏着两岸秀色，情不自禁地赋起诗："自开山寺路，水陆往来频。银勒牵骄马，花船载丽人。芰荷生欲遍，桃李种仍新。好住湖堤上，长留一道春。"

山塘街一头连接苏州的繁华商业区阊门，一头连着花农聚集的名胜虎丘山，从这一头到那一头，不多不少刚好七里地，所以苏州人都把山塘街称为"七里山塘"。今天的山塘街，东段的一里依然繁华一片，商铺林立，人客熙攘，而余下的后六里才是苏州旧时时光。两岸人家沿河面街，前门是小巷烟火，后门是枕河生活。后门没有拥挤喧哗，有的只是清净安逸。漫步在这儿，你会和不少当地人不期而遇：他们或是在河边的石凳上懒洋洋地晒着太阳；

华灯初上的山塘街（蒋超摄）

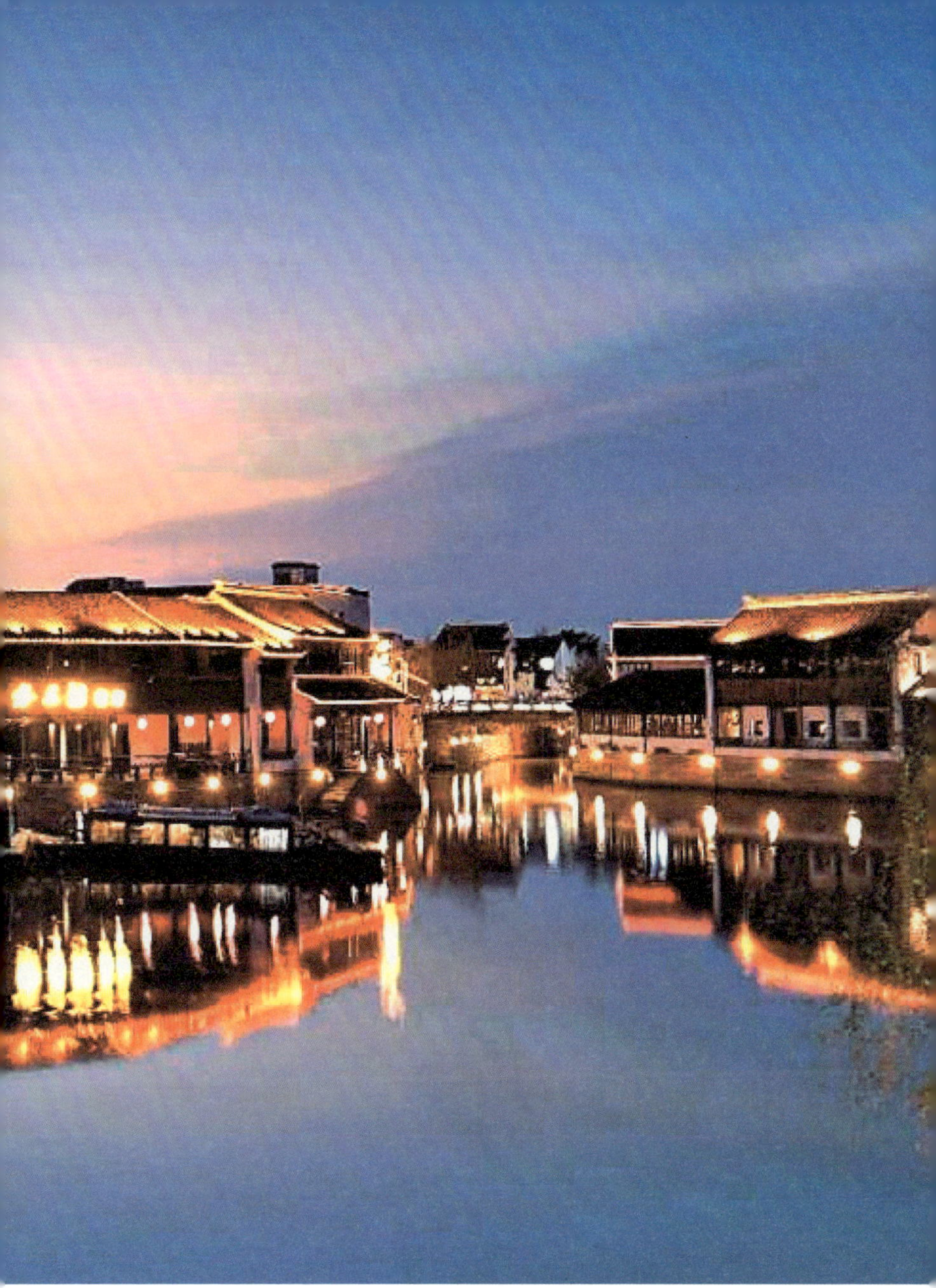

山塘街水景（陈佳摄）

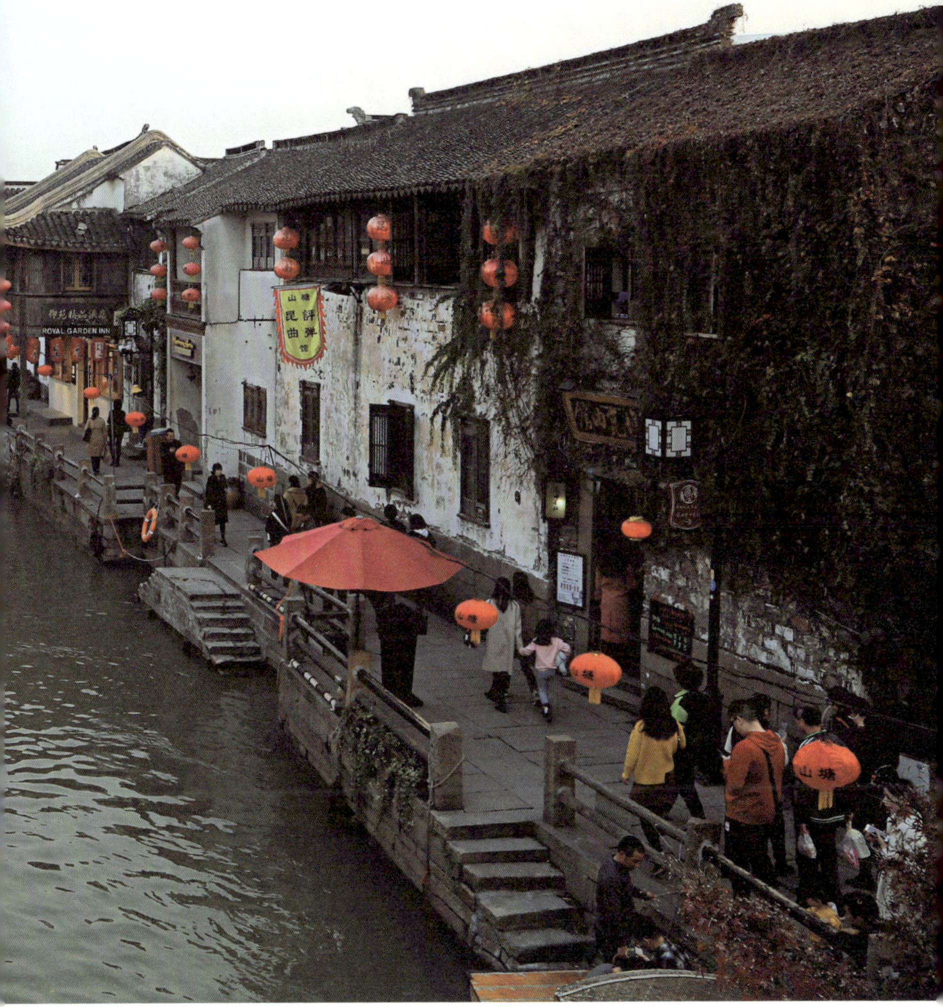
ROYAL GARDEN INN
山塘
評弹
昆曲
馆

或是在河边捶打着衣裳；或是背着双手慢慢悠悠地在青石板上踱步；或是窝在窗前读一份发黄的报纸；抑或是头戴斗笠的船夫或船娘，正不急不慢地摇橹撑船划过来，偶尔哼着那些江南小调，那音调兴许不够响亮，却足以长久荡漾在你的心间……

七里山塘不光有世间繁华和人间烟火，一路前行，不经意间，你会邂逅寺庙、义庄、会馆、祠堂、古井等建筑中尘封着的故事。这些故事，或壮怀激烈，或润物细无声。七里山塘街，半部姑苏史。从阊门到虎丘，走完七里山塘，也走过了苏州的古与今。

"君到姑苏见，人家尽枕河。"走一段平江路，如同穿越回了旧时的姑苏城，河街相依与小桥流水带来了江南独有的惬意。

平江路，旧称"十泉里"，早在姑苏建城之初就处于核心地区，后因宋朝时苏州名为"平江"而改名。2500多年来，有多少朝代更迭，有多少人事浮沉，又有多少花开花落，但这里仍然保持着唐宋以来的"水陆并行、河街相邻"的城坊格局。《平江图》上的一切依然如故：城河，水巷，小桥，民居，牌坊，古井，园林，会馆，寺观……

平江路北接拙政园，南眺双塔，全长1600米，宽约20米。很多居住过高门大户的老房子，至今还保留着完好的砖雕门楼，精致古朴中隐约透着当年低调婉约的名门风范。主路的两侧又伸出无数条充满历史感的小巷，诸如狮林寺巷、传芳巷、东花桥巷、大儒巷、钮家巷等。这些巷子和平江路一样，清一色石板路。如今你所踏足的，就是古城的模样，这不得不说是中国古代城市的活化石。

  平江路是古老的，同时也是清新文艺的。漫无目的地在这里闲逛，你会发现四周都被小资情调萦绕着。这种情调来自各种精致有趣的小店，这些店面或临街而设，或隐藏在某个僻静小巷，但无论藏身在哪儿，它都有让你想要进去享受一段美好时光的冲动。也许是一本质感满满的书

平江路（陈佳摄）

籍，也许是一张旧旧的明信片，也许是一杯飘香的咖啡，也许是一页怀旧的书签，也许是一折悠扬的昆曲评弹……这些都弥漫着清新文艺的气息。

如果说苏州是一位古典美人，那么平江路就是美人衣裙上那条淡绿色的素腰带；如果说苏州是一幅精雕细刻的工艺画卷，那么平江路就是唯美的山水小品。

突然想起经典电影《卡萨布兰卡》中的一句台词："世界上有那么多的城镇，城镇中有那么多的酒馆，她却偏偏走进了我的酒馆。"苏州有那么多有趣又惊艳的街巷，但偏偏是平江路走进了人们的心灵深处。

平江路的清新文艺风（陈佳摄）

平江路小巷里的人间烟火（陈佳摄）

第四章　太湖·经济

鱼米之乡：山水田园的经典意象

在太湖流域，一捧芳香四溢的稻米，一碗平凡朴素的人间烟火，体现出的富饶与恬静，足以用来解读山水田园的经典意象：鱼米之乡。

根据考古学家对太湖地区 6 个新石器时期遗址的 128 份土壤样本进行的植物蛋白石定量和形态分析表明：太湖地区至少在距今 8000 年前就已开始稻作生产；距今 6000 年前太湖地区的稻作生产已相当普遍，并得到了较快的发展。

公元 5 世纪，太湖流域开始确立精耕细作的农业生产方式，粮食单位面积产量居全国之首。自晚唐、五代以来，当地不断兴修水利，形成了比较完善的排灌系统，大大提高了稻谷产量。到 12 世纪的南宋时期，诗人陆游的文章中已出现"苏常熟，天下足"的说法，说明最迟在北宋末年太湖流域已经成为全国粮食的主产地和集散地，生产的粮食不仅能满足本地需求,还有大量富余调拨外地。明清时期,人们在土地耕作上更加注重深耕、施肥和精细管理,大大促进了粮食单位产量的增加。通过实行晚稻与麦类复种、稻棉复种的耕作制度,土地利用达到了极致。据农史学家估计,至18世纪太湖地区的水稻产量一般为亩产2.5石米,约折合今亩产谷225千克,当时最高亩产可达5石米或6石米,折合今亩产谷561.75千克。太湖平原逐渐成为历代王朝的财赋重地,时称"江南财赋甲于天下,苏

丰收(杨晓伟摄)

农民在水稻田劳作（沈宏摄）

松常镇课额尤冠于江南"。

　　除了水稻种植，渔业捕捞在太湖流域也比较发达。在新石器时期中期，太湖居民由最初的"竭泽而渔""棒打石击"等徒手捕捉的原始渔业，逐渐发展到用较大的船筏，并使用专门的网具到敞水中去捕捞。在吴语里，"吴"与"鱼"同音。《汉书·地

太湖留给人们的美味：太湖三白

理志》也记载"江南地方，或火耕水耨，民食鱼稻，以渔猎山伐为业，果蓏蠃蛤，食物常足"。此后，虽然稻作农业的地位逐渐上升，但得地利之便的太湖居民们始终保持着渔猎的特色。延续至现代，太湖地区的渔业仍然是当地重要的经济产业。

作为闻名遐迩的鱼米之乡，太湖平原以物产丰盈著名。除了"太湖三白"（白鱼、银鱼、白虾）、"烂田三宝"（慈姑、荸荠、席草）这样声名赫赫的特产外，中华绒蟹、宜兴百合、溧阳水芹、金坛红香芋、宜兴阳羡茶、洞庭红橘、白沙枇杷、无锡水蜜桃、太湖珍珠等农副产品也是家喻户晓。

洞庭商帮："钻天"大名

在中国漫长的封建时期，重义轻利的儒家文化和农耕经济的主流使得市场经济之花迟迟难以开放。但是商业活动并没有因此而消亡，反而随着王朝的更替越来越繁盛，出现了以地域为代表的商帮，其中尤以晋商、徽商和潮商最为著名。在今天太湖东南部的苏州洞庭东山和西山，自明清以来形成了一个著名的商人资本集团，它就是洞庭商帮。

早在明朝，苏州的小说家冯梦龙就把洞庭商帮写进了《醒世恒言》："两山之人，善于货殖，八方四路，去为商为贾，所以江湖上有个口号，叫做（作）'钻天洞庭'。"

细细品味,"钻天洞庭"这个词,似是赞叹——精明能干,无物不营,无地不去。

东山为伸入太湖之半岛,西山则完全坐落在太湖中,在行政设置上分别为今天的吴中区东山镇和金庭(西山)镇。早在11世纪七八十年代的北宋年间,洞庭山人就开始从事商业活动,到16世纪末17世纪初的明万历年间开始初步形成洞庭商帮,"散而商于四方,踪迹所至,殆遍天下"。明朝中期的苏州昆山人氏归有光说:"好为贾,往往天下所至,多有洞庭人。"

洞庭山人往往以家族、至亲、宗党结伴形式外出经商,活动地域集中,经营商品比较固定。东山商人主要活跃于运河沿线特别是以清源(今山东临清)为中心的华北地区展开布匹贸易活动。明末冯梦祯说,东山商人"客清源者甚伙";清初归昌世也说,"经商大者,以西北之巨镪易东南之绢布,洞庭两山之人为多"。可以说,东山布商与徽州布商、山陕布商一起,平分了明清时期北方地区的布匹销售市场。而西山商人则主要活跃于以长沙、汉口为中心的长江中游地区,向内地输入绸缎布匹,向江南输入米粮。明末崇祯年间牛若麟说,西山人"诗书之外,即以耕渔树艺为业,稍有资蓄则商荆襄,涉水不避险阻";清康熙年间洞庭东山人汪琬也说,"西山之人商于湖广者多"。康熙年间的著作《林屋民风》写道:"洞庭俗以商贾为生,土狭民稠,民生十七八即出贾。楚之长沙、汉口,四方百货之凑,大都会也,地势饶食,饭稻羹鱼,苏数郡米不给,则资以食;无绫罗绸缎文采布帛之属,山之人以此相贸易,褦至而辐凑(辏),故枫桥米艘日以百数,皆洞庭人也。"而且更明确地记载:西山商人"上水则绸缎布匹,下水惟米而已"。对洞庭商人来说,荆湘之地既是江南丝绸布匹的销售终点,又是湖广米粮向江南销售的集散起点。

20世纪前半叶,由于中国社会所发生的巨大变化,国内的其他商帮大多衰落,而洞庭商帮却在上海滩纷纷占据外国银行买办的职位,实现了它的近代转型。在这中间,

苏州东山陆巷古村的洞庭商帮陈列馆(任兮摄)

尤以席氏家族为代表。席氏共有11人，加上席氏女婿共14人，分别担任了14家外国银行的买办，从而形成了中国近代金融史上著名的席氏买办集团。其中席氏祖孙三代世袭汇丰银行买办长达56年，这在近代可谓是绝无仅有。与此同时，洞庭商人还领时代风气之先，投身于纺织、橡胶、电灯等机器工业，致力于发展民族工业，力图打破洋商垄断的局面。

自明清以来，在江南以巨大的商业资本、广阔的活动范围和强大的经营能力称雄的商帮是徽商，然而，颇善"钻天"的洞庭商帮却能与之分庭抗礼，流传于民间的一句谚语"钻天洞庭遍地徽"可以作为佐证。洞庭商帮与徽商，一"天"一"地"，平分江南市场。今天，随着时光的流逝，一代洞庭商人的背影已经远去，但他们的事迹经过太湖水的洗涤而没有染上历史的尘烟。

丝绸，塑造了苏州

苏州的场域是多面的，山水园林、文人雅趣造就了它的清丽脱俗，而机声轧轧、缎庄林立则代表了它的市井繁华。

苏州是丝绸的故乡，大量考古发掘证实在4700年前太湖流域已有被誉为"世界上原始农业时期最伟大创造"的养蚕、取丝、织红。唐末五代时期，随着大量移民的迁入，来自北方和西蜀的工匠开始聚集于江南。北宋时期，江南置有湖、常、润（镇江）、杭四所织局，成为黄淮、四川之外的第三大丝绸产区。南宋时期，苏州更是设立了仿造蜀锦的"宋锦织造署"，"宋锦"由此诞生，也拉开了苏州"丝绸之府"后来居上的序幕。

宋元之际的战火绵延于中原和西南，传统桑蚕中心遭遇毁灭性打击。天下甫定，元朝廷鼓励利用荒弃的桑田种植新引进的棉花，全国出现退桑植棉的潮流。至明朝初年，全国桑蚕产区大幅减少，仅剩下太湖沿岸和山西潞州两个区域。从此，一座座气势恢宏的丝织工场开始在太湖地区拔地而起。工场的兴起，培养了充足的熟练工匠，娴熟的技艺与优质的蚕桑相结合，成就了太湖地区独步天下的丝织实力，也托起了苏州这座锦绣华美的"丝绸之府"。

明朝后期，海上丝绸贸易昌盛，日本和美洲的白银为了购买生丝和绸缎滚滚流入中国，形成了利润巨大的银丝贸易。到了清康熙年间，苏州的东北半城，万户机声，日出万绸，衣被天下，"苏纱""苏缎"闻名于世，同时也带动了其他技艺的发展，促进了刺绣、戏衣、服装、制扇业的日益繁荣。

今天，作为一种商品，丝绸的黄金时代已经逝去，但丝绸的文化基因依然流淌在苏州城2500多年的血液里。如今在苏州的街头走一走，售卖丝绸的门店依然很多，园林巷陌里多的是穿着旗袍拍照的佳人，丝绸仍然流淌在苏州的"三关六门"之间。

1930年，苏州观前街的绸缎行"乾泰祥"。这片街区一直是苏州丝绸业的核心地带（斯坦利·格雷戈里摄）

无锡米市：承载着辉煌的记忆

三里桥，是无锡古运河畔一座普通的桥梁。让许多人记住"三里桥"这一名字的，就是这里曾经的"米市"。

14世纪初的元朝，朝廷在无锡设置官仓——亿丰仓，以输纳附近地区每年缴纳的47万余石田赋漕粮，然后通过海运，北运元大都（今北京）。至于"米市"之名，则首见于明万历二年（1574）刊行的《无锡县志》："米市在北门大桥。"

清初，无锡出现了代客买卖粮食的米行。无锡米市的兴盛，始于19世纪六七十年代，沿京杭大运河形成了北门外三里桥、北塘、黄泥桥、北栅口，南门外伯渎港、南上塘、黄泥垾，西门外西塘八段米市。1888年，苏浙一带的南方漕运集中在无锡办理，无锡米市的声名更盛。1910年，无锡城区有米行140余家，年成交量达750万石。这些米行约有七成集中在只有一公里长的三里桥一带，三里桥米市遂盛极一时。清朝的粮食计量1石等于今100斤，可见当年粮食交易的数据庞大。当时，长沙、芜湖、九江和无锡并称为"中国四大米市"。

进入20世纪，随着沪宁、津浦等铁路相继通车及衔接，加之面粉、碾米、酿造等近代工业的兴起，无锡米市的性质发生了转变，由以筹办漕粮为主逐渐转向以提供工业生产原粮为主，也为本地和上海、南通以及浙江地区新兴城市提供口粮和食油。自1928年至1937年的整整10年间，为无锡米市的鼎盛期,其间每年的粮食及油料交易量平均达到 1000 多万石,丰年可达到 1200 万石,全城粮行、碾米厂、堆栈存粮保持在 170 万石至 180 万石,多时达 300 万石,为"中国四大米市"之冠。

在老无锡人的记忆中,南来北往的运粮之船,沿着大运河远道而来,汇聚在北门外运河沿岸的三里桥一带。有米行的老板,站在三里桥上,对着运河上的船队吆喝一声:"给卸一船大米来。"便有船工撑起船篙,把船停在米行的岸边。很快,一船大米就从河上移到岸上了。三里桥之繁华,真的并非说说而已。

城市总会在岁月的变迁中改变着面容,今天的古运河已经远离了交通要道的位置,河面偶有船只经过,显得那

无锡三里桥米市旧时景象

么孤单冷清。三里桥的"米市",也已渐渐退出历史舞台。不过,在老人们的记忆里,仍能寻觅到那些鲜亮的故事。

激荡锡商:"实业报国"的典范

1896年冬季的一天,在无锡东门外运河边的兴隆桥畔,一大片粉墙黛瓦的江南民房之中,矗立起一幢16开间的西式二层楼房。一种从未有过的轰鸣声,让附近居民们感到十分惊奇。一家名叫业勤纱厂的近代工厂,由此走进人们的视野。

业勤纱厂是无锡地区第一家近代机器工厂,也是江苏省最早的民族企业之一。纱厂的创办人,是一对名叫杨宗濂、杨宗瀚的兄弟。他们以军功起家,后来又在清廷发动的"洋务运动"中参与创办和经营了中国历史上最早的一批机器工业。后来,杨氏兄弟相继辞官回到家乡无锡,决定利用无锡农村物产和人力资源,开办业勤纱厂。厂名"业勤",就是取古训"业精于勤而荒于嬉"之意。很快,年轻的荣宗敬、荣德生兄弟办起了保兴(后改名茂新)面粉厂,筑下了他们日后成为纺织、面粉"双料大王"的第一块基石;周舜卿创办裕昌缫丝厂,是为无锡历史上第一家机制缫丝厂;薛南溟放弃仕途,"试水"商海,创办永泰丝厂,日后丝厂的生产规模长期居于全国同行首位;经营布庄的唐保谦,联合蔡缄三创办了九丰面粉厂、庆丰纺织厂;唐骧廷也不甘寂寞,与程敬堂办起了丽新纺织印染厂、协新毛纺厂。他们，其实正是我国最早投资近代工业的一股力量，开一代风气之先，标志着按市场价值取向从事现代机器生产的"锡商"群体横空出世。

在数十年的发展过程中，无锡形成了以棉纺织业、缫丝业、粮食加工业主导无锡经济发展的三大支柱产业。其资本总额、生产能力在国内同行业中都占有举足轻重的地位，其中缫丝业巅峰之时的出口量在上海口岸达到半数以上，无锡由此成为全国重要的缫丝行业集聚地和生丝出口品加工基地之一，被誉为中国的"丝都"。特别令人瞩目的是：少数骨干企业通过联合兼并、技术改造，生产经营

无锡第一家近代机器工业企业——业勤纱厂

中国民族工商业博物馆，原址即为茂新面粉厂

规模壮大，经济实力增强，成为无锡经济发展的重要支撑，形成了荣氏、周氏、杨氏、薛氏、唐程、唐蔡六大资本系统。六大资本系统直接掌握的资本总额，占无锡全部工业资本的七成以上。

到全面抗战爆发前夕，无锡工厂数315家，仅次于上海、天津、广州和武汉，居全国第五；工业投资总额1407万元，居全国第五；工业生产总值7726万元，居全国第三；就业工人数仅次于上海，居全国第二；在非条约通商口岸城市中，无锡的轻工业发达程度居全国第一。在六大工业城市中，无锡的行政身份是一个县，但它对于区域、对于全国的影响，远远超越了作为一个县城可能达到的极限。

近代中国，是数千年历史长河中民族灾难沉重的时期，列强环伺，鲸吞蚕食。近代民族工商业从一开始就被赋予了"御外侮、裕民生"的历史使命，并贯穿了民族工商业发轫、兴起、勃发乃至消退的全过程，直到中华人民共和国成立的那一天。薛南溟自称："经营地方实业垂30年，思欲以西国新法导中国利用之，以蕲福国利民。"唐保谦也说："言利，非以自饶乐，思自效工贾，以此远谟而为国家塞漏卮，为乡里兴大利。"荣德生更言："逊清末叶，五洲棣通，外机制棉纱纷纷运入我国，至国内固有之手工纺织业淘汰殆尽，宗铨鉴于利权外溢，民生凋敝，苟不急起直追，势将侵略无余，爰于让清光绪三十一年集股创办振新纱厂，藉资抵制于万一。"铮铮豪言，掷地有声。

"百年锡商"正是从这一起点出发，虽历经起落波折而持续腾跃，书写了无锡百年工商城的一部激荡创业史，成就了我国近代民族工商业和当代乡镇企业的两个发源地，继而开创了民营经济繁荣的新格局。无锡百年繁华绵延不绝，至今其民营经济位列全国城市第一方阵，盖源于斯、兴于斯。

苏南模式：中国农民的创造

党的十一届三中全会以后苏南地区农村经济的发展，具有明显的时代特色和地域特征。1983年，费孝通在总结苏州、无锡、常州三地的发展特点时，首次提出了"苏南模式"的概念。此后,理论界对"苏南模式"的内涵及特点多有不同阐述,比较权威的概括为"三为主一共同",即在产业结构上以乡镇工业为主,在所有制结构上以集体经济为主,在经济运行机制上以市场调节为主,在利益兼顾中走共同富裕的道路。

1956年2月,无锡县春雷高级生产合作社创立了春雷造船厂,拉开了乡镇企业发展的序幕。春雷造船厂成为人们普遍公认的乡镇企业"第一家"。自此开始,一批批洗脚上岸的农民前赴后继地投入了农村工业化大潮。不过,由于宏观政策的限制,苏南乡镇企业在20世纪60年代初严重受挫,于60年代中后期才重新起步发展。到了70年代初,苏南地方提出了"围绕农业办工业,办好工业促农业"的思想,顶住了把乡镇工业当作资本主义倾向的极"左"思潮,保护了乡镇企业的发展。党的十一届三中全会作出了关于加快农村发展若干问题的决议,明确指出"社队企业要有一个大发展"。苏南地区抢抓机遇、开拓创新,全面贯彻放宽政策、搞活经济的方针,迎来了乡镇企业的第一次发展高潮。至1989年,苏南乡镇企业创造的价值在农村社会总产值中已经占到了60%。1992年初,邓小平发表南方谈话,苏南乡镇企业又迎来了新一轮发展高潮,外向化、规模化和科技化程度都得到了提高。在屡次综合实力百强县市的评比中,苏锡常三市所属县市全部入选。无锡县更是在前三届评比中蝉联冠军,被誉为"华夏第一县"。

　　乡镇企业何以在苏南率先崛起？探究其间缘由，是"天时、地利、人和"因素综合作用的结果。国家政策的鼓励，无疑是最主要的因素。此外，这里资本主义萌芽较早，农村素有家庭手工业传统，乡镇企业发展具有良好的社会基础；这里人口稠密、耕地有限，"人多地少"迫使大量农村剩余劳动力自觉跳出土地找"出路"；大批知识青年、干部的下放，带来了技术和管理知识，而城市工业生产能力的不足，生产和生活资料供不应求，为乡镇企业的发展提供了市场空间。同时，政府运用手中的权力高效动员和组织生产活动，对乡镇企业的发展起到了正面的促进作用。所有这些，成了"苏南模式"发轫、发展和成型的最主要

春雷造船厂

动力所在，也是"苏南模式""三为主一共同"特征的最主要成因。

不过，随着社会主义市场经济的发展，苏南乡镇企业在体制上也越发暴露出产权不明、权责不清、政企不分、企业发展内生动力不足的弊端。从20世纪90年代中期起，勇于创新的苏南乡镇企业开始了一场兴利除弊的"自我革命"。经济形态以量的扩张为主要特征开始向以质态提高为主要特征转换，企业机制从带有市场经济特征兼有计划经济烙印向市场化运行要求转换，所有制形态由单一集体经济向以公有制经济为主、多种经济共同发展转换，苏南乡镇企业由此走上了新的发展道路。

中国乡镇企业博物馆内景（任兮摄）

今天的苏南,依然是一片火热的创业沃土。严格意义上的乡镇企业已不复存在,"苏南模式"也已完成了历史使命。站在今天展望未来,苏南乡镇企业及其所创造的"苏南模式",对区域经济发展所起的巨大历史作用,以及所带来的启示,并不会随着时间的流逝而淡化。

第五章　太湖·人杰

泰伯：吴风悠悠

伟大的史学家司马迁在他的皇皇巨著《史记》中记载了这样一段文字：

> 吴太伯，太伯弟仲雍，皆周太王之子，而王季历之兄也。季历贤，而有圣子昌，太王欲立季历以及昌，于是太伯、仲雍二人乃奔荆蛮，文身断发，示不可用，以避季历。季历果立，是为王季，而昌为文王。太伯之奔荆蛮，自号句吴。荆蛮义之，从而归之千余家，立为吴太伯。

大约在距今3200年前的商朝后期，在岐山下的周原一带（今陕西渭河流域）有一个周氏部落日益强大。部落首领公亶父有三个儿子，即太伯、仲雍、季历。太伯，亦作泰伯。季历德才兼备，他的儿子昌有圣瑞之气。公亶父想把首领位置传给季历及昌。为了了却父亲的心愿，泰伯、仲雍兄弟俩离开岐山，跑到数千里之外的太湖流域。当地人非常敬重他们，推泰伯为首领，建立了"句吴（勾吴）国"。

司马迁笔下的"荆蛮"，是为中原人对南方人的一种泛称，用以指当地土著。文身断发，是土著人的习俗，但在中原人看来是落后的标记。泰伯文身断发，显然违背了周朝礼仪，以示自己"不可为宗庙社稷之主"。泰伯不为中原之主的决心很是强烈，孔子在《论语》中就说："泰伯可谓至德矣，三以天下让，民无德而称焉。"泰伯可以说是品德最高尚的人了，几次把王位让给季历，老百姓都找不到合适的词句来称赞他。

伯渎港（新宣摄）

"句吴国"的建立,开启了无锡见诸文字的历史。中原文化与江南土著文化的历史性邂逅,为无锡这片中国版图上最温润、最富灵性的土地注入了新的动力,无锡也由此成为吴文化的主要发祥地。

在今天的无锡古运河南门段,有一条东向的支流,是为伯渎港。伯渎港,相传为泰伯所开,大概就是江南地区最早的人工运河。那时江南地势低洼,水灾严重,泰伯带领民众开凿了这条运河,促进了当地农业的发展。《寰宇记》载:"当季开之,以备旱涝,一方居民,始得粗食。"

泰伯庙(任兮摄)

从古运河的伯渎河口，搭一叶小舟，东行三十余里，即到梅村古镇，也就是当年泰伯驻足停留的地方。泰伯在此地筑起了最初的土城，周三里二百步，外郭三十余里，民众耕田其中。或许，这就是江南建城史的最早记载了。

在梅村，有泰伯庙。千百年来，泰伯端坐其中，接受着人们的祭祀和膜拜。

范蠡：事了拂衣去，深藏身与名

"事了拂衣去，深藏身与名。"这是唐朝大诗人李白为范蠡写的两句诗。

范蠡，春秋末期越国大臣。公元前494年，吴、越两国开战，结果越军大败，越王勾践和大臣范蠡等人成为吴王夫差的奴仆。勾践君臣含垢忍辱，装得非常恭顺，三年后被放回越国。

后来，就有了历史上著名的"美人计"，西施正是这一计谋的主角。她是如此美丽，如出水芙蓉般清丽。她在河边浣纱之时，鱼儿看见她的倒影惊呆了，以至于忘记了游水而沉到河底。这就是所谓的"沉鱼"之美。

自从得到了美人西施，夫差从此不理朝政、夜夜笙歌，而越王则卧薪尝胆、发展农桑、整顿军备。终于，复仇的时机来了。公元前475年，三千越甲势同群虎下山，奔流而下，吴国王畿在两年后土崩瓦解。

太湖之畔灯火璀璨，酒香肉香四溢，丝竹管弦之声不绝于耳。越王勾践在这里大摆庆功宴。可是，首功之臣范蠡却不在场。

太湖湖心，一叶扁舟在夜色中缓缓摇曳。舟中，西施抚琴低吟，范蠡拊掌而歌，船夫摇橹咿呀。琴声、歌声、摇橹声，渐渐消失在微茫的沧波之中。

在范蠡背后的烟火中，是他花了大半生建立的不世功业。而他身旁的，是这一生最挚爱的女人。

这世上再也没有范蠡。左丘明《国语》说：范蠡"乘轻舟以浮于五湖，莫知其所终极"。司马迁《史记》说：后来范蠡"浮海入齐"，定居在山东的定陶，人称"陶朱公"。范蠡三成巨富，三散家财。于他而言，万丈豪情早已逝去，功名利禄也如过眼云烟，这世上可以用物质衡量的东西，都成了身外之物。

辗转一生，范蠡的心如湖水般澄澈；辗转一生，一湖，一舟，二人，而已。

在今天的太湖流域，有关范蠡的传说历久而弥新，太湖水更是串起了诸多有关范蠡的史迹。无锡最大的内湖叫蠡湖，最大的内河叫蠡河；蠡湖畔还有一个园林叫蠡园，无锡的母亲河——梁溪河畔有个景点叫仙蠡墩。在苏州，古镇蠡口因范蠡而得名，在太湖洞庭更是流传着诸多有关范蠡隐居的美丽传说。

范蠡和西施的爱情故事在蠡湖西施庄上演

春申君：在惠山遇见你

春申君黄歇，战国时期楚国公室大臣。公元前262年，春申君被封于淮北地十二县。15年后，黄歇"请封于江东，考烈王许之"，"春申君因城故吴墟，以自为都邑"。春申君在吴地的封地以无锡为中心，西到镇江，东到上海，南到太湖，北到长江。

黄歇来到吴地以后，率领百姓兴修水利、开辟耕地，为百姓做了不少好事，有不少故事流传至今。

那时的无锡，除了太湖，还有一片广袤的水面，被称为无锡湖（即芙蓉湖）。这里水浅，平时有陆地露出，一到雨季则大水成灾，房屋、耕地均被淹。黄歇到任后，对无锡湖进行了初步的治理。《越绝书》记："春申君，立无锡塘，治无锡湖。"在疏浚无锡湖的同时，黄歇还开凿了通向长江的河道，如今的江阴申港、黄田港，相传均为当年黄歇所凿。还有，当时的运河在无锡湖这一段，水浅之时往往难以行船。黄歇带领民众重新开凿了新的运河，开河的土堆在北边成了堤岸，后来形成了北塘。现在，无锡北塘的地名也来源于此。如今，在古运河无锡城区段有个名叫黄埠墩的小岛，正是因纪念黄歇而得名；在江阴君山，还保留着他的衣冠冢。

在苏州，有座千年古镇名为"黄埭"，也源于春申君，

无锡古运河中的小岛——黄埠墩（任兮摄）

这里至今保留着他当年筑堤围堰的遗迹——春申湖。民间有一首儿歌流传已久："啷啷啷，啷啷啷，爷娘去开黄浦江，尔后再开春申塘，领头的大爷叫春申君，住在伲村黄泥浜。"

在上海，黄歇治水松江，疏道入海。现在长江上海段被称为"黄浦江"，上海也被简称为"申"。2002年9月，上海申办世博会成功，欢庆晚会上高唱的第一首歌就是《告慰春申君》。

黄歇驻守无锡的时间较长，相传他的行辕设在城中公园大河池北边，无锡舜柯山麓的黄城也被传为他所筑之城。黄歇还曾驻军古华山（今惠山），山麓的黄公涧就因他曾在此放马饮水而得名。每逢梅雨季节或大雨过后，黄公涧的水流从半山直流，飞溅而下，顿成奇观，成为无锡人雨季"游大水"的好去处。明末学者王永积曾有生动的描写："每当山雨欲来或秋水时注，急流湍飞，自峻岭争道而下。愚公谷前至山门，顷刻平地，水深四五尺。游人急呼渡，蹑履褰裳，踏乱流而上，愈上愈奇，水如奔马，

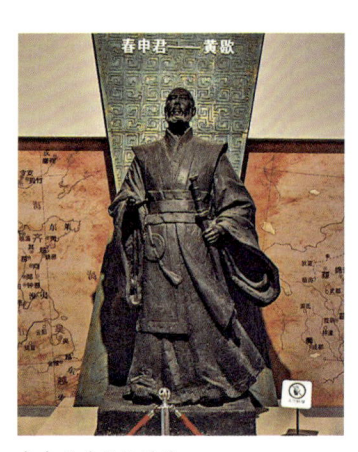

春申君黄歇的雕像

声如轰雷，人如飞凫，山如星海，楼台烟树，如生洪涛中。"如此美景，只有身临其境方能感之。

走，到惠山去。在那里，或许能遇见那位2300多年前的谦谦君子。

范仲淹：灵魂和气魄一直留在了苏州

苏州古城，有一条小巷名叫范庄前。巷子里有所景范中学，是苏州人最耳熟能详的学校之一。整个学校更像是蕴藏了书香的园林，自带一种其他学校难有的气质。在距今约1000年前的宋朝，景范中学是为范氏义庄旧址

苏州景范中学校门

的一部分。范氏义庄,创办人正是大名鼎鼎的北宋名臣范仲淹。

1034年,范仲淹上任苏州知府。当时苏州久雨成灾,"湖溢而江壅,横没诸邑"。上任伊始,范仲淹亲自察访水道,根据水性与地理环境,提出了"修围、浚河、置闸,三者如鼎足,缺一不可"的治水方针,疏导吴淞江,再疏常熟、昆山入江通海的支流。范仲淹这一治水经验,不但获得时舆的赞扬,还泽被后世,以后地方官员都依照这个模式整治水患。

相对于苏州治水,范仲淹对全国及后世影响更大的是在苏州创办新式府学。范仲淹说:"国家之忧患,莫大于缺乏人才。"他捐出宅地建设了规模宏大的府学,延请名儒胡瑗"首当师席",一时间盛况空前,影响遍及全国。胡瑗的教育内容"不惟讲论经旨,著撰词业,而常教以孝悌,习以礼法,人人向善",和范仲淹的教育理念相近。换句话说,府学不只看重应试教育,更注重素质教育。时至今日,当年的府学所在,仍然是吴中学子向往的学习场所——江苏省苏州高级中学。无法否认,这正是范仲淹的遗泽。

短短的9个月后,范仲淹离开了苏州,但他始终没有忘记苏州。后来,范仲淹推行庆历新政,但很快就以失败收场。在新政狼狈收场六年之后,范仲淹又继续身体力行开始了改造社会的新尝试。1050年,60岁的范仲淹出任杭州知州，路过苏州，以其"贵时"所得俸禄"置负郭常稔之田千亩"作为族人公产，号曰义田，创设义庄；用义田的物产接济族人，长期保障他们衣食、嫁娶、丧葬等基本生活需求。既而，他又在城中灵芝坊祖宅建造义宅，设有义学，"立塾以教其人"。

范氏义庄是我国历史上最早的家族义庄和非宗教性民间慈善组织，具有重要的历史价值和社会价值。义庄的慈善理念，源自儒家《礼记》"大道之行，天下为公……使老有所终，壮有所用，幼有所长，矜、寡、孤、独、废疾者皆有所养"的理想，也应了范仲淹那句"先天下之忧而忧，后天下之乐而乐"之义。在此之前，中国并无制度化的救济机构，所以范氏义庄创建的慈善经营模式，是一种开创性的模式，把儒家的理想部分兑现为了现实。

相比于短命的庆历新政，范氏义庄则长寿得多，从北宋到民国延续了近900年之久。它所开创的慈善经营模式，让后世争相效仿，影响遍及全国，救济范围也逐步从宗亲扩大到同乡。在今日苏州的平江路、山塘街，无锡的荡口古镇、礼社古街仍

范仲淹像

能寻觅到各类义庄的遗址。

范仲淹的道德文章、文治武功，无一不是出类拔萃的，难怪朱熹赞誉他为"天地间气，第一流人物"。然而，他又是如此的不合群。他自称"宁鸣而死，不默而生"，为了原则不怕得罪同僚、上司，甚至是皇帝。明末思想家王夫之在《宋论》中说："范公缜密之才，好善恶恶之量为之也。是以缜密多知之才，尤君子之所慎用也。"范仲淹心思缜密，用爱憎分明的标准去办事，而这种思维缜密、明察秋毫的才能恰恰是君子需要慎用的。对此，范仲淹内心一定有深深的孤独感，在名篇《岳阳楼记》中慨然高呼"先天下之忧而忧，后天下之乐而乐"，但在篇末又不禁慨叹："噫，微斯人，吾谁与归？"

小巷"范庄前"之名，正是取"范氏义庄门前"之意。今天的苏州，有着多座关于范仲淹的纪念馆，有以他的谥号命名的苏州大学文正学院。甚至你到了苏州，一出苏州站（南广场），就能看到范仲淹的雕塑。显然，他早已和这座古城融为一体。他的灵魂气魄，一直留在了这里。

倪云林：只傍清水不染尘

倪瓒，别号众多，其中最为人所熟知的是"云林子"，简称"云林"。他的一生和他的诗文、书画一样，是中国文化史上最为特异、超脱的存在。

在无锡，倪氏数代经商，富甲一方，赀雄乡里。倪云

苏州火车站南广场范仲淹立像（任兮摄）

林从小生活极为舒适，无忧无虑，却别有一种不同寻常的生活态度。他清高孤傲、洁身自好、不求仕途、不愿管理生产，自称"嬾（懒）瓒"，亦号"倪迂"。

倪云林在故里建造清閟阁，"藏书及古彝鼎书画甚富"。"閟"字，是闭门谢客之意。当年只有他的三二好友，方可入内一览。"瓒名闻外国使，有过者操沉香百斤为贽，求一至清閟，不许，乃再拜去。"倪云林的文人生活，可谓雅致之极，不食人间烟火，大有魏晋名士之风。然而，他的雅士生活，还有一种令人瞠目结舌的脱俗举动。有一天，他忽然"鬻其产，散与亲旧"，离开精心构筑的清閟阁，"往来五湖三泖间二十余年"。扁舟一叶，或游山玩水，或探亲访友，逍遥自在，适性任情。

倪云林像

倪云林的千古留名，是他把中国文人画推至一个炫目的高峰。清光绪《无锡县志》称："其画简淡，世推为逸品第一，与黄公望、吴镇、王蒙齐名，有'元四大家'之目。"此说作为中国书画史之定论而众所周知。

空山无人、水流花开，是禅家崇奉的境界，也为两宋以来的中国艺术所推崇。在静寂的世界中，水自流，花自开，声鼓并作，天机活泼。但如果因此认为中国艺术都会追求鸢飞鱼跃、鸟鸣花开，那就错了。在中国艺术最幽微的处所，有一个水不流、花不开的世界，一个近于不动的寂寥宇宙。那里没有色彩、没有喧闹，甚至没有一片绿叶，也没有一朵游云，几乎将一切"活"意都隐去了。

倪云林的笔下，描绘的就是这样一个水不流、花不开的寂寥世界。几株疏树，一痕远山，或者在疏林下加一个小亭子，这就是云林山水画的大致面目。他用笔着力甚轻，山石林木都用淡墨轻拂而出。笔行纸上，若即若离，似实还虚。远山与近树之间则有大片留白，不着一物，意为水

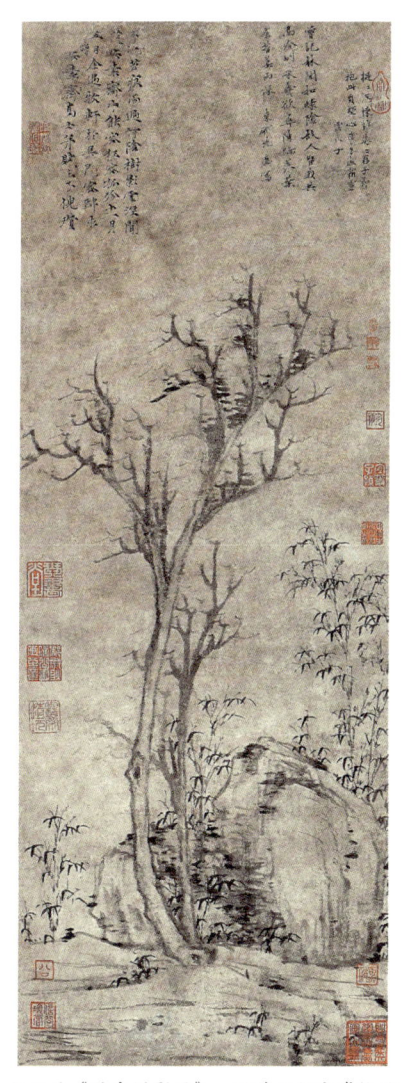

倪云林《苔痕树影图》，现藏无锡市博物馆

面，给人以静谧、萧索、空旷、荒寒之感。这种构图和笔墨情调被倪云林反复运用，形成他特有的绘画图式——"一河两岸"。倪云林有言："吾作画，逸笔草草，不求形似，聊抒胸中之逸气耳。"云林的逸气何在？在寂寥、水无波兴、林无花发、全无烟火气的境界中。这是他的画中之境，也是他的心中之执。他的画中从无人物。曾有人问之，他回答说："天地间安有人在？"因为在他眼里，"天地间不见一个英雄，不见一个豪杰"。

清朝恽南田的花鸟画活色生香，可是他最欣赏倪云林的"真寂寞"之境，他说云林的画"真寂寞之境，再着一点便俗""千山万山，无一笔是山；千水万水，无一笔是水；有处却是无，无处却是有"。真谓知己者语。

倪云林的画，停留在一片由简至洁、孤而洁、高自洁的洁净里。他的整个人都是洁净的，以至于后人传说他的种种洁癖故事。或讲他服巾日洗数次，或讲他雨后吩咐书童拿抹布拭窗外的梧桐叶，或讲他坐牢时也要传食狱卒"举案齐眉"，怕狱卒有唾沫星喷到他的饭盆里，不一而足。他因太痴于洁、执于洁，而形成一种不近人群之态，又因这不近人群，不为常人所理解，自成超逸。

在人生的后20年，倪云林一直泛游太湖。在"千年石上苍苔碧，落日溪回树影深"的世界里，坐到"数日雪消寒已过，一壶花里听春禽"之时。从车马轻裘到退隐湖上，繁华落尽，一切的喧嚣都荡去，一切的执着和躁动都归于无影无踪。

明朝初建，朱元璋意图召倪云林进京供职。他坚辞不赴，赋诗云："轻舟短棹向何处，只傍清水不染尘。"

唐伯虎：桃花庵里桃花仙

夜深时分，万籁俱寂，唐伯虎吹熄了摇曳的烛火，四周瞬间被黑暗包围。往事如画，一卷卷地在脑海中铺陈开来，清晰得令人惊奇。

这一年是 1524 年，唐伯虎的生命即将走到尽头。过去的 54 载岁月，起初是何等的春风得意，随后却是无尽的灰暗。

唐伯虎从小顶着天才的名号，1498 年参加南京应天府举行的乡试，得了第一名。第二年，他高唱"大明门外朝天客，立马先听第一声"出门，去往京城参加会试。而这一次的骄傲，却葬送了他的仕途乃至人生。

路上，唐伯虎遇到了一个叫徐经的人。那一年的考题，只有他和徐经两个人给出了完美的答案。自信满满的唐伯虎在发榜之前放出话："今年的会元非我莫属。"结果，唐伯虎、徐经，连同主考官都被抓去坐了大牢，罪名是合谋作弊。本以为，这一步跨出去走上的是人生的巅峰，却不想这一落脚就是万丈深渊。

出狱后的唐伯虎被贬往浙江，可他耻于就官，在冷眼中归家。"前程两袖黄金泪，公案三生白骨禅"。

1500年，续弦何氏不愿和唐伯虎过清贫的日子，弃他而去。"世间多少无情者，枕席深情比叶轻。"风光时她含情脉脉、巧笑嫣然，唐伯虎以为终于遇到相伴一生的人，落魄时才发现原来她是个只能同甘不能共苦的人。

还是灰暗。1503年，唐伯虎与相依为命的兄弟因为合不来而分家了。"莫言四海皆兄弟，骨肉而今冷眼看。"本以为人世间最难过的是死别，后来发现还有同胞兄弟的生离和不理解。

经此种种，唐伯虎的精神支柱轰然倒塌。清醒时，他泛舟湖上，吟诗湖上；沉醉时，他留恋花丛，纵情声色。他想忘记这坎坷的经历和世人的冷漠。

不得已，唐伯虎卖画为生。"闲来就写青山卖，不使人间造孽钱。"潦倒吗？潦倒。可是，他的清高孤傲，依然不允许他沾染这世上一丝的污浊；他沉溺于酒色，可他笔下的山水依然磊落。

命运，一而再、再而三地打击着这位落魄的才子，他挣扎不了，逃脱不掉。1508年，过继给他的侄子也夭折了。1514年，唐伯虎入南昌宁王幕，本以为终于得到了命运的垂青，却没想到这只是把他推向更深的谷底。后来宁王谋反被诛，唐伯虎装疯卖傻、食污藏秽，才勉强躲过一劫。

"桃花坞里桃花庵，桃花庵里桃花仙。桃花仙人种桃花，又摘桃花换酒钱。"初读这句诗，总以为唐伯虎在过着世外桃源般的生活，逍遥自在，不论世间谁主沉浮，他自过他的神仙生活，却不知原来是经历了人世间的大起大落后所得出的感悟。

在桃花庵，唐伯虎遇到了那位眉梢带翘、眼角含笑的沈九娘。那些粉面含羞的桃花，在他眼中霎时失了颜色。可惜，没几年，宁静安详的时光随着九娘的离世也一去不复返了。红颜逝，知己亡，他一个人孤独地活着。

唐伯虎，名寅，有文采，工书画。诗文上，他与文徵明、祝枝山、徐祯卿合称为"江南四大才子"；绘画上，他与沈周、文徵明、仇英并誉为"吴门四家"。他真是一个不折不扣的全能型才子。

在今人的印象中，唐伯虎风流倜傥，又玩世不恭。他不仅是"高富帅"，还娶了8个娇妻，真是个逍遥自在的人间神仙。而那个"唐伯虎点秋香"的逸闻，更一直被人津津乐道。其实，这个故事只不过是后世文人给他这个悲情才子移花接木的一桩风流韵事而已，似乎是想给他坎坷的人生增添一点欢愉，以不负他的风流之名吧。

唐伯虎的舞台剧终于结束了，命运的聚光灯也随着

唐伯虎像

他的消失一点点暗淡下去。

顾宪成:"忠国家而于身无所利"

"风声雨声读书声声声入耳,家事国事天下事事事关心",明朝顾宪成的一副对联名扬天下,也让他所重新修复的东林书院成为中国历史上的著名书院。

顾宪成,1576年在应天乡试中以第一名中举,崭露头角;4年后又高中进士,时年31岁。怀瑾握瑜的顾宪成,在污浊的晚明官场中是如此的不合时宜。1587年,在一次京官考察之中,顾宪成对于内阁不分是非、不辨君子小人的做法予以批驳,"以智角智,以力角力"。因"肆言沽名",他被降三级调外任,五年后又以"天下推官第一",再度回到权力中心。他还是那样正直无私,在考察京官、会推阁臣、推立储君中,与内阁重臣屡屡意见相左,又违背了皇帝的旨意,最终遭到革职为民的惩处。

1594年,顾宪成回到家乡无锡,沉浸于五经四书与濂洛关闽之学,倾心讲学著述。读书人仰慕他的道德学问,纷纷前来求学。10年后,顾宪成在弟弟顾允成及挚友高攀龙、钱一本的帮助下,

顾宪成像

以民间集资的形式，在无锡城东重建了东林书院。

顾宪成引用曾子的话"以文会友，以友辅仁"，作为东林书院的办学宗旨。他解释道："自古未有关门闭户，独自做成的圣贤，自古圣贤未有离群绝类孤立无与的学问……群天下之士讲习，则天下之善受而为吾之善，而精神充满乎天下矣。"东林书院的讲学活动，称为讲会，每月一次小会，每年一次大会。顾宪成起草的《东林会约》明确规定："每会推一人为主，主讲四书一章，此外有问则问，有商量则商量。凡在会中，各虚怀以听，即有所见，须俟两下讲论已毕，更端呈请，不必搀乱。"东林书院，很快在东南学界声名鹊起。东林学者赵南星说："大会吴越之士，讲学其中，东林之名满天下矣。"康熙《东林书院志》写道："上自名公卿，下迨布衣，莫不虚己悚神，执经以听，东南讲学之盛遂甲天下。"

在讲习之余，江湖东林学者"往往讽议朝政，裁量人物"。他们瞄准庙堂高处，针砭时弊，直陈沉疴，大胆发言，率尔指责，提出了相应的改良建议和设想。他们强烈要求革新朝政，并提出"利国""益民"的政治原则和改革建议。在改革朝政方面，他们抨击科举弊端，提倡不分等级贵贱破格用人；提倡"依法而治"，试图以法治限制君权和"不肖者"的贪赃枉法。在经济方面，他们提出"恤穷人、体富民"，主张"曲体商人之意"，惠商恤民，减轻赋税，进而提出"士农工商，生人之本业"，把"商"

与"士农工"一样并列为"本业",对"重农抑商"传统思想进行了有力的突破。

一时,海内士大夫仰慕应和、闻风响附。不满时政的天下清流君子,以小小的东林书院为精神地标,彼此呼应,同声谐频,隔空致意,形成了一个前所未有的评说天下大事、清洗乾坤的话语集散地。

东林书院,迎来了最为辉煌的时期。然而,在辉煌的背后,却也隐藏着深深的危机。

1609年,内阁增补阁员,朝野东林学者举荐了李三才,但"小人畏之特甚,遂出奇计攻之"。这个"奇计"就是通过罗织罪名弹劾李三才,引蛇出洞,"东林必救,可布一网打尽之局"。果然,身处东林书院的顾宪成写信给大学士叶向高、吏部尚书孙丕扬,"力称三才廉直"。御史徐兆魁率先跳出,上疏明神宗,阴险无比地指出:"今日天下大势尽归东林矣……东林之势益张,而结淮抚胁秦,并结诸得力权要,互相引重,略无忌惮。今顾宪成等身虽不离山林,而飞书走使充斥长安,驰骛各省,欲令朝廷黜陟予夺之权尽归其操纵。"

这场入阁纷争,由起初仅在朝内集中力量攻击李三才,至此时转而涉及里居讲学的顾宪成。1612年,顾宪成在一片诽谤声中逝世。临终前,他握着儿子的手说:"作人只'伦理'二字。"他以君子坦荡荡的胸怀回应这无端的诽谤。

东林书院石牌坊(马虹摄)

依庸堂内景(马虹摄)

顾宪成虽逝，但朝堂小人对他与东林书院的诽谤却日甚一日。以魏忠贤为首的阉党，张四面之罗网，造无底之陷阱，给不同政见者扣上"东林党"的帽子，予以整肃。朝廷下令取缔并拆毁东林书院，阉党更是炮制《东林党人榜》，以莫须有的罪名对东林学者大开杀戒，先后有"六君子之狱""七君子之狱"，一批正直官员被迫害致死。"莫谓书生空议论，头颅掷处血斑斑。"

今天，历经近千年的沧桑，几经毁坏重修的东林书院俨然成为江南文人的精神图腾，顾宪成与东林学者们所倡导的爱国精神也在不断传承。

徐霞客：他的一生，一直在路上

1607年，一位20岁的年轻人第一次踏上出游之路。"大丈夫当朝游碧海而暮苍梧"，是他立下的誓言。他正是日后被誉为"游圣"的徐霞客。他在30多年间26次出游，行程9万多里，足迹遍布今天中国的19个省市，留下了一部前无古人、后无来者的63万多字的《徐霞客游记》。

1636年，50岁的徐霞客感到自己老病将至，酝酿已久的西行计划再不能迁延，于是毅然踏上旅途，开始了他一生中最重要也最壮烈的一次"万里遐征"。9月19日，徐霞客"乘醉放舟"，水陆兼程，穿越苏浙，一个月后进入江西。在江西盘桓两月有余，遍访名山古寺，登顶武功山。10天后,他进入湖南,以衡州(今衡阳)为原点,游历湘南,登临南岳衡山。5个月后,他经湘江进入广西,西行之旅开始进入高潮。石峰林立,岩洞密集,桂林山水的精彩纷呈,让徐霞客应接不暇。在广西云游近一年后,他自南宁北上,进入贵州,过贵阳,至安顺,寻白水河瀑布,即今日之黄果树瀑布。接着,徐霞客进入云南,经曲靖,抵达昆明。为考察南北盘江源头,他沿滇池东岸南下,在滇南兜了一大圈。11月下旬,他离开昆明,北上穿越元谋县,最终抵达鸡足山。第二年初,徐霞客继续北上丽江,意在完成自己的终极目标:探寻长江源头。在丽江,他计划攀登玉龙雪山而被劝阻;继而南下,途经大理游览苍山洱海,又翻越高黎贡山,抵达腾越州(今腾冲),并赋予其"极边第一城"的称号。4月中旬,徐霞客从永昌府(今保山市)西行,本欲继续进入缅甸,却再次遭到阻拦。实际上,此时的徐霞客已54岁,长年的奔波使得他"两足具废,心力交瘁",权衡再三后,他最终放弃了出境的念头。接下来,几个精壮的纳西族汉子穿山越岭、披风沥雨,足足走了156天,才将他抬回了3000公里外的江阴老家。几个月后,徐霞客在自家的病榻上辞世。

勘误,似乎是徐霞客的强项。1618年,徐霞客先后登顶天都峰和莲花峰,判断黄山的最高峰是莲花峰而非人们认为的天都峰。1632年,徐霞客冒着生命危险,一个人徒手登顶雁湖岗,推翻了《大明一统志》中"大龙湫瀑布发源于雁湖"之说。1638年，他在东南地区兜兜转转大半年，考察南北盘江源头，同样纠正了《大明一统志》的错误。他最为突出的贡献就是确定了长江的源头是金沙江。因为受《尚书·禹贡》"岷山导江"之说的影响，长江的源头在岷山成为几千年来人们的普遍认识。徐霞客克服艰难险阻，在对云南山川进行实地考察的基础上，于《溯江纪源》中斩钉截铁地宣称："推江源者，必当以金沙为首。"

不止勘误，徐霞客对地质地理学的理解和见识也远远超越了他那个时代的水平。在《粤西游记中》，他寥寥数语便点透了喀斯特地貌的形成原因："盖江流击山，山削成壁，流回沙转，云根迸出，或错立波心，或飞嵌水面……崖间有悬干虬枝，为水所淋滴者，其外皆结肤为石。盖石膏日久凝胎而成……"这看似风轻云淡的背后，是徐霞客不辞艰险地钻了200多个洞穴，攀援了无数座石灰岩山峰。

对于徐霞客和他的游记，不同时代的人都曾有过高度的评价。与徐霞客同时代的文坛领袖钱谦益评价《徐霞客游记》是"世间真文字、大文字、奇文字"。《四库全书》将《徐霞客游记》收录其中，并说"游

徐霞客像

徐霞客故居（任分摄）

记之夥，遂莫过于斯编"。清朝潘耒盛赞徐霞客"以性灵游，以躯命游"的探索山水的精神，"天人合一"的精神境界在他身上得到了最好的诠释。

在病榻之上，徐霞客回忆自己的一生，说："吾以老布衣，孤筇双屦，穷河沙，上昆仑，历西域，题名绝国，与三人而为四，死不恨矣。"他的一生，一直在路上。他用一生的时光，去做了一件他想做的事情。

顾炎武：流浪于湖山之间的伟大灵魂

在今天的昆山市，有一个名叫"千灯"的小镇。千灯，1000盏灯，一个多么有诗意的地名。

这里是明末清初大思想家顾炎武的家乡。因为昆山有一个亭林湖，所以人们尊称他为亭林先生。彼时，年轻的顾炎武天生是个读书种子，但他清楚地认识到科举制度的僵化腐朽，在27岁之时断然弃绝科举仕途。在以科举为唯一出路的时代，他的这一反叛之举石破天惊。

末世浊流，滔滔吞卷。1644年，清兵入关，兵锋直指江南。顾炎武放下手中的纸笔，投身于反清的战斗之中。谁说书生必文弱？他拒守昆山，策动清将反正，风尘仆仆奔走各地联络抗清力量，缔结诗社从事秘密反清活动，然而这一切最终都归于失败。他在悲愤中写下《精卫》诗："我愿平东海，身沉心不改。大海无平期，我心无绝时。"

天下已不可挽回，为避免华夏文明被野蛮所摧毁，顾炎武决心拾起早年被他丢掉的笔，延续华夏之千年道统。

他卖掉家产，离开家乡，游历天下，稽考各地史地，以正文明之弊。一条坎坷而又光明的大儒之路，也由此在他足下延伸开去。据记载，顾炎武共走了3万多里路，勘察了20多个省90多个县，结交学者名流、寻访史志图书、察看民生风俗，探索着有利于国计民生的实学，最终写下了社会经济学百科全书《天下郡国利病书》及其他60多部书，包含国家典制、天文仪象、经史百家等内容，时至今日还有极大的研究价值。

亡国之人，心无所依；亡国之人，志有所托。终于，在如海的学问中，顾炎武领悟出了可以让他心安的信念。

中华文明第一次在思想上分辨出"亡国"与"亡天下"的区别："有亡国，有亡天下。亡国与亡天下奚辨？曰：易姓改号，谓之亡国；仁义充塞，而至于率兽食人，人将相食，谓之亡天下。"统治者一姓的迭变，只是"亡国"；但当野蛮入侵，华夏文明退化萎靡，这便是"亡天下"。这个"天下"，是华夏文明，是千年道统。

那么，又该如何延续文明、承继道统呢？"是故知保天下，然后知保其国。保国者，其君其臣肉食者谋之；保天下者，匹夫之贱与有责焉耳矣。"传统一家一姓的迭变，是皇帝与大臣关心的事，但文明道统的兴盛，即使是一个普通人也有责任来维护。

250年后，梁启超读到顾炎武的《日知录》，心潮澎湃，将其归纳为8个字——天下兴亡，匹夫有责！

从此，这8个字便烙印在每一个中国人的精神世界里，汇入中华民族的思想长河之中。

很难想象这是一位17世纪的思想家的洞察，要知道彼时西方的英国才刚刚起步，"海上马车夫"荷兰仍在驰骋纵横。顾炎武的思想，领先那个时代200年。

行万里路，读万卷书。他的脚步，最终在山西停下了。他至死都没能回到家乡，妻子在老家孤独离世。顾炎武心中悲痛莫名，一连写下五首《悼亡妻》，其中一首如下："贞姑马鬣在江村，送汝黄泉六岁孙。地下相烦告公姥，遗民犹有一人存。"

好一个"遗民犹有一人存",顾炎武既是在送别妻子,也是在告慰先祖,更是对自己一生的总结。

今天,当我们走近顾炎武,很容易发现他截然不同的两段人生:前半生以入世救国,后半生以出世存道;救国则仗剑战沙场,出世则思想照千秋。

赵元任:故乡,教我如何不想他

1973年,古城常州,青果巷,迎来了一位离别祖国36年的海外游子——赵元任。此时,他的身份是美籍华人,是国际著名的语言学家、音乐家、翻译家。

那一天,青果巷热闹非凡,到处都挤满了人,都想亲眼看看这个写出《教我如何不想他》名曲的家乡人;那一

顾炎武故居门厅(任兮摄)

昆山亭林公园的顾炎武塑像（任兮摄）

天，赵元任非常激动和高兴，在48号老宅久久伫立，仔细端详着一切，说："我现在坐在家里，真正感到我是常州人了。"

赵元任，祖籍常州，一生多半是在美国度过的。但其中有34年，包括他的少年和青壮年时光，是在中国度过的。1900年，10岁的他回到故乡常州，住在青果巷的老房子里，前后算起来一共有六七年的时光。

1907年，赵元任离开青果巷，去往南京求学，继而于1910年赴美留学。他在康奈尔大学主修数学，选修物理、音乐，先获数学学士学位；后又入哈佛大学主修哲学并继续选修音乐，获哲学博士学位。1925年，赵元任回清华大学任教，与梁启超、王国维、陈寅恪一起被称为清华"四大导师"。后来他再度赴美，先后任教于夏威夷大学、耶鲁大学、哈佛大学等美国著名高等学府。

赵元任是中国现代语言学的开拓者，还是汉字改革和国语统一运动的先驱者之一，被誉为"中国现代语言学之父"。他从小就显露出语言天赋，各种方言一学就会，会说33种汉语方言，并精通多国语言。二战后，他到法国参加会议。在巴黎车站，他对行李员讲巴黎土语，对方听了，以为他是土生土长的巴黎人，于是感叹："你回来了啊，现在可不如从前了，巴黎穷了。"后来，他到德国柏林，用带柏林口音的德语和当地人聊天。邻居一位老人对他说："上帝保佑，你躲过了这场灾难，平平安安地回来了。"对国内各地方言，赵元任曾表演过口技"全国旅行"：从北京沿京汉铁路南下，经河北到山西、陕西，出潼关，由河南入两湖、四川、云贵，再从两广绕江西、福建到江苏、浙江、安徽，由山东过渤海湾入东三省，最后入山海关返京。这趟"旅行"，他一口气说了近一个小时，"走"遍大半个中国，每"到"一地，就用当地方言土话介绍名胜古迹和土货特产。

对家乡的方言——吴语，赵元任也曾做过专门的调查与研究。1927年春天，他不辞劳苦，经镇江、丹阳、无锡，每站下车，再乘小火轮到宜兴、溧阳，又转回到无锡等地。冒着严寒，辗转往复，他经常是一天跑两三个地方，深入群众，多访广纳，记录了大量的当地方言。3个月后，回到北京，他把调查的材料写成一本《现代吴语研究》。这本书出版后，为研究吴语和方言做出了极为珍贵的贡献，赵元任也成为中国方言调查的鼻祖。

1981年，赵元任在他少年离乡之后第5次、也是最后一次回到家乡。这年，他已经89岁高龄。他在家人的搀扶下，楼上楼下地看他小时候住过的房间，看得非常入神；又在家人的搀扶下，到青果巷——这条他小时候走过无数次、令他难分难舍的巷子——走了很长一段路。据回忆，那天"他看到我家有一架室内小风琴，就很有兴趣地走上去弹了两下。接着，三女儿赵小中就坐下来弹《教我如何不想他》这首曲子，他坐在沙发上，和着琴声再一次深情地演唱了一遍《教我如何不想他》,他唱得是那么的投入,那么的入神"。

第二年2月,赵元任因病医治无效,与世长辞,享年90岁。据其女儿回忆,赵元任"去世的前一晚,他还在用他那沙沙的嗓子,用常州音读'……星垂平野阔,月涌大江流……'"。

这位大师的成就是世界的,但心却永远在常州。

青年赵元任

阿炳:穿越皓月的胡琴声

听《二泉映月》,最好是在夜里。琴弓的马尾,揽住皓月洒下的清辉;微风穿过窗棂,满屋都是青草的气味。

《二泉映月》是华彦钧留给世间最好的礼物。华彦钧,就是人们熟知的瞎子阿炳。他是无锡城里洞虚宫一个道长的私生子,父亲则以师父的名义把他抚养成人,直到临终才吐露实情。命运的捉弄,让阿炳自暴自弃。最终,他染上重病,双目失明,只能流落街头,以拉琴说唱维持生计。相片里,那个带着盲人眼镜、形容枯瘦的中年人,在一顶破毡帽下的面孔,透着难言的生活艰难和沧桑。

位于常州青果巷的赵元任故居（任兮摄）

青果巷（任兮摄）

他的朋友这样描写他演奏时的情景："大雪像鹅毛似的飘下来，对门的公园，被碎石乱玉，堆得面目全非。凄凉哀怨的二胡声，从街头传来……只见一个蓬头垢面的老妇用一根小竹竿牵着一个盲人在公园路上从东向西而来。在惨淡的灯光下，我依稀认得就是阿炳夫妇俩。阿炳用右肋夹着小竹竿，背上背着一把琵琶，二胡挂在左肩，咿咿呜呜地拉着，在萧萧瑟瑟的飞雪中，发出凄厉欲绝的袅袅之音。"

1950年夏天，中央音乐学院教授、无锡同乡杨荫浏来到无锡，为阿炳录下了三首二胡曲和三首琵琶曲，其中就有那首著名的《二泉映月》。几个月后，阿炳离开人世，年仅50岁。大地笼罩着一片清辉，掩埋了所有的伤悲。

他走了，但他的音乐留下来了。在他存世的乐曲之中，影响最大、流传最广的当属二胡曲《二泉映月》。听！乐曲一开始，在一段低回婉转的引子之后，就是自由、轻松的旋律，一下子把人们带到惠山的二泉。月光下的二泉很美，但是很冷，是一种让人心悸的清冷。异常优美的主题在中音区响起，在令人心醉、也令人心碎的旋律中，似乎能看到贫病交加的阿炳坐在泉边拉奏着手中的胡琴，他的心中充满着对人生无奈和生活无助的无限哀怨。接着，旋律向高音区流动，情绪变得激昂。生活中的阿炳并不是一个弱者，他不停地用音乐与痛苦的人生进行着不懈的抗争，但他的力量毕竟太渺小了，所以他迸发出的愤怒中又带有几分落寞和无奈，使这一段音乐激昂中又充满悲凉的沧桑之感。

听完整首曲子，你眼前必然会浮现出一个顽强不屈的盲人民间艺术家，在命途多舛的一生中不断挣扎的落寞背影。阿炳在经历堕落、痛苦、绝望、挣扎、徘徊、眼盲之后，才真正看清了这个世间的一切，生命彻底归于平静，并把自己的生命融入这首乐曲之中，而在这样的平静中又带着巨大的悲凉与期望。日本著名指挥家小泽征尔在第一次听到用二胡演奏的《二泉映月》时，感动得流下了眼泪，说："这样的音乐应该跪下来听！"

阿炳生前存世的唯一照片

今天，我们无法统计，这世上到底有多少人在听到《二泉映月》时，会为之心碎，为之流泪。然而，半个多世纪以来，阿炳个人的命运，在婉转幽咽的曲调中，已化作皓月当空的大爱，唤起了全人类共同的悲悯。一腔凄楚，超越了时间，超越了国界。

阿炳塑像（杨晓伟摄）

阿炳故居（杨晓伟摄）

贝聿铭：留住老苏州的"根"

有人说：一座城市如果没有博物馆，就像一个人没有灵魂。那么要了解今天的苏州，就从苏州博物馆开始吧。

苏州博物馆是美籍现代主义建筑大师贝聿铭的封刀之作。贝聿铭是苏州名门望族之后，狮子林曾是他家的祖产。据说他八十大寿的当晚，在狮子林听完昆曲《游园惊梦》后，沧桑之感骤涌心头，挥笔写下七个字"云林画本旧无双。"一年后，他就有了苏州博物馆的建筑蓝图。

在苏州这个有着众多著名古典建筑的"文化圣地"中建一座 21 世纪的新馆建筑，如同用蕴含传统文化经典的艳丽绣线，在承载现代科学文化信息的绣布上织出一幅"传统苏州"和"现代苏州"相融合的"双面绣"，最大的问题就是如何将现代与传统相融合。贝聿铭用"中而新，苏而新""不高不大不突出"的理念完美地解决了这个问题。

苏州博物馆的门面，用现代派的手法赋予传统大门元素以崭新的风格，雅致而不失大气。大门前有一庭院，池塘、小桥、

贝聿铭

假山、亭台交相辉映，恰到好处地组合在一起，婉约而舒朗。入口大厅的厅门两边皆呈半圆形，取苏式园林欲言又止之意，有邀人入内之感。如果说前庭是空间交响曲的前奏，那么在走入室内之后，才会发现整个空间的动人之处。贝聿铭一改通常的四方形空间，将中庭设计成八角形，同时随着层高的递增而变换墙面造型，体现了错落有致的江南斜坡屋顶的建筑特色。令人拍案叫绝的是正对入口的一整面落地玻璃墙，让外面的园林景色一览无余，如诗如画，妙不可言，成为中庭最引人入胜的风景。不难发现，简单

苏州博物馆（钱洁摄）

的几何图形是贝聿铭塑造空间的语言,然而这些现代的设计元素通过穿插与组合,创造出来的却是充满传统味道的空间气质。

情是中国传统美学的重要范畴之一。情为主,景是客,情景交融,相辅相生,这才是中国传统的空间本质。苏州博物馆之所以能让人感受到传统美学的魅力,就是因为其具有丰富多样的空间气质,而光影就是让这些景与人们产生互动与共鸣的直接因素。"让光线来做设计"是贝聿铭的名言,在苏州博物馆,他再一次让光影成了空间的主角。在建筑构造上,屋顶之立体几何形框体和金字塔形玻璃天窗的设计,突破了中国传统建筑"大屋顶"在采光方面的束缚。阳光透过玻璃倾泻下来,并且随着时间的变化而不

苏州博物馆的片石假山(钱洁摄)

断地变换着投射角度，参差错落的墙面就会在不同的时刻呈现出连续的光影图案，流动的光线让原本单调的走廊顿时生机勃勃、饶有趣味。这物境与心境的交融，不由得让人叹为观止。

苏州博物馆北墙之下为贝氏独创的片石假山，也是博物馆的景观之眼。这种"以壁为纸，以石为绘"的山水景观别具一格，呈现出如同中国传统水墨山水画的意境。其意境之优美，恰似米芾词云，"奇胜处，每平阑。定望远。好山如画，水连云紫，无计成闲"；其匠心之独运，又如陈从周所言"江南园林叠山，每以粉墙衬托，宜觉山石紧凑峥嵘，此粉墙之画本也"。

苏州博物馆展厅一角（钱洁摄）

绿树、翠竹、荷花，也被引入苏州博物馆。当步入任何一处展厅，总有一扇别致的空窗等着你，透明的玻璃窗外三两支青竹摇曳着，仿佛抚手可触。苏州博物馆巧妙地借用重力，拟意高山流水，将清水自上而下阶梯状地引入楼底的池塘，池中夏天荷叶田田、荷香扑面。主庭院隔北墙直接衔接拙政园，水景始于北墙西北角，仿佛由拙政园引水而出；水上浮着一段曲桥、一座华亭，水中锦鲤往来翕忽，似与游者相乐。晴朗之日，云与壁与水，上下一白；蓝天入池以为底，树与墙与石与人皆入水中，绝美如画，不可方物。紫藤园里的紫藤，嫁接着从文徵明当年手植的紫藤上移植过来的枝蔓，以示苏州文化血脉的延续和传承。苏州博物馆，树木俯仰生姿，花卉参差有致、形态各异、线条柔美，与硬体的建筑刚柔相济、相得益彰，恰到好处地散落在角落里、过道边，使眼前的世界不再只有白和黑，苏州博物馆一下子便活了起来。

粉墙黛瓦，清新雅洁；古色古香，江南情怀。苏州博物馆就像一只白鹤，鲜亮亮、活生生地立于苏州、长在江南；又如风清月白中的莲花，静静地绽放在古城之中，清新脱俗。

在几十年的建筑设计生涯中，贝聿铭在世界各地的建筑作品达70余项，其中最著名的包括法国卢浮宫的玻璃金字塔和香港中银大厦等。在85岁高龄之际，他设计了苏州博物馆。他亲力亲为，精细到造景的几乎每一棵树、每一片石都亲自挑选，这才有了今天的苏州博物馆。苏州是幸运的，大师给家乡留下了一件传世之作；大师也是幸运的，把最后的经典安放在了家乡。

贝聿铭说："我的根在中国、在苏州。这个博物馆新馆，就是我对家乡的一点小小贡献。"他留给今天人们的不仅仅是他的建筑，还有他不变的中国心和浓浓的家乡情。